Sven Plöger & Christoph Waffenschmidt
**Besser machen!**

SVEN PLÖGER &
CHRISTOPH WAFFENSCHMIDT

Mit Mirko Kussin

# BESSER MACHEN!

Hoffnungsvolle
Entwicklungen und
Initiativen für eine
lebenswerte Zukunft

adeo

# INHALT

# VORWORT

Dr. Gerd Müller, Bundesminister für wirtschaftliche Zu-
sammenarbeit und Entwicklung

Liebe Leserinnen und Leser,

willkommen in der Zeitenwende für nachhaltiges Handeln
und eine lebenswerte Zukunft auf einem gesunden Planeten! Dieses Buch gibt uns eine konkrete Vorstellung, wie
wir das Klima von morgen heute erträglicher gestalten und
Nachhaltigkeit zu unserem Lebensmodell machen können.

Der Klimawandel ist längst Realität: Für unser grenzenloses
Bedürfnis nach ständigem „Höher, Schneller, Weiter, Mehr"
haben wir reiche Länder unseren Ressourcenverbrauch auf
Rekordhöhen geschraubt: in der Industrieproduktion, der
Landwirtschaft, der Stromversorgung, im Verkehr und Trans-
port sowie bei der Klimatisierung von Gebäuden. Der Preis
dafür ist alarmierend – und von uns allen zu zahlen: Allein
in den letzten 30 Jahren ist der $CO_2$-Ausstoß global um 60
Prozent gestiegen. Hauptverursacher – mit 80 Prozent – sind

fossile Energiequellen wie Öl, Kohle und Gas. Sie treiben die Emission von Treibhausgasen immer weiter an.

Wir müssen umsteuern: Das letzte Jahrzehnt war das heißeste seit Beginn der Wetteraufzeichnungen. Die Erde heizt sich auf, die Polkappen und das Grönland-Eis schmelzen immer stärker ab, Permafrostböden tauen. Vor allem Menschen in Entwicklungsländern spüren die Auswirkungen: Böden veröden, Pflanzen und Tiere sterben, weil es wie in der Sahel-Region seit Jahren kaum regnet. Wirbelstürme, Erdrutsche und Überflutungen vernichten Ernten. Die Folgen sind Armut, Hunger, Unruhen, Flucht. Aus den heute schon 20 Millionen Klimaflüchtlingen weltweit können so in wenigen Jahren 100 Millionen Menschen werden, die ihre Lebensgrundlage verlieren.

2050 werden rund 10 Mrd. Menschen auf der Erde leben. Und diese Menschen brauchen Nahrung und Energie – sie werden mobil sein wollen und online. Dazu müssen wir heute die Weichen stellen. Die Zeit drängt, wenn wir das 1,5-Grad-Ziel bis zum Ende dieses Jahrhunderts erreichen wollen.

Die Beschlüsse der Pariser Weltklimakonferenz (2015) geben den politischen Rahmen – und wir müssen sie konsequent umsetzen! Unsere nationalen Klimaziele sind wichtig, aber nur eine Seite der Medaille: Denn das Weltklima entscheidet sich in den Schwellen und Entwicklungsländern. Wenn diese Länder auf fossile Energien setzen, sind die Klimaziele nicht zu schaffen. Darum die globale Energiewende!

Allein in Afrika hat die Hälfte der Bevölkerung – 600 Millionen Menschen – keinen Zugang zu Elektrizität. Wenn sie alle auch nur eine Steckdose bekommen sollen, müssen wir Industrieländer ihnen unser Knowhow von klimaneutraler Technologien anbieten! Denn Afrika hat das Potenzial zum Grünen Kontinent der Erneuerbaren Energien zu werden: Der Kontinent kann sich selbst mit Erneuerbaren versorgen – und zentraler Akteur am internationalen Energiemarkt werden.

Deutschland hat Marokko unterstützt, die größte Solarkraftanlage der Welt zu bauen – sie versorgt 1,3 Millionen Menschen mit sauberem Strom. Im nächsten Schritt wollen wir dort die erste industrielle Anlage für Grünen Wasserstoff errichten: Wir möchten den Beweis erbringen, dass eine wettbewerbsfähige Herstellung von PtX-Produken in unseren Partnerländern möglich ist. Schaffen wir diesen Quantensprung, eröffnen sich Afrika auch echte, nachhaltige Jobperspektiven.

Klimaschutz bringt Fortschritt und Entwicklung insbesondere in ärmeren Ländern – und Industrieländern die Chance auf eine klimaneutrale Wirtschaft. Deshalb müssen wir heute weltweit und massiv in Klimaschutz und Klimaanpassung zu investieren: Deutschland wird seinen Beitrag zur internationalen Klimafinanzierung deutlich erhöhen. Denn nur mit mutigen Investitionen in Technologien und mit Innovationen können wir die Zeitenwende einleiten.

Wir wissen, wie es geht: fossilfrei zu produzieren, Städte energieeffizient zu bauen, den Verkehr ökologisch nachhaltig umzurüsten und die Landwirtschaft klimaresilient und ressourcenschonend umzugestalten, damit sie alle Menschen ernährt.

Klimaschutz ist global gelebte soziale Gerechtigkeit! Und wir Industrienationen tragen eine besondere Verantwortung: Denn nicht die Menschen in ärmeren Ländern haben die Erderwärmung verursacht, sondern wir Industriestaaten mit unseren Fabriken, unseren Autos, unserem Müll.

Deswegen müssen wir konkret Afrika bei der Energiewende unterstützen – mit einer europäischen Investitionsoffensive, mit starken Wirtschaftspartnern und zivilgesellschaftlichem Engagement. Und mit Initiativen wie der Stiftung Allianz für Entwicklung und Klima – 1.000 Unterstützer leisten hier freiwillig Kompensationsleistungen direkt in Klimaschutzprojekte in Entwicklungsländern: So werden beispielsweise Wälder im peruanischen Amazonas-Becken aufgeforstet oder tropischer Regenwald in Uganda renaturiert. Zudem entstehen Jobs und Einkommen für die Menschen dort.

Klimaschutz ist eine Überlebensfrage der Menschheit und betrifft uns alle. Wir sind die letzte Generation, die eingreifen kann – und die erste Generation, die tatsächlich das Wissen, die Mittel und die Instrumente dazu hat. Wir müssen Klima, Natur und Entwicklung zusammendenken und endlich handeln: Jede und jeder, Politik, Wirtschaft und Zivilgesellschaft. Jetzt!

Dieses Buch greift Ansätze für nachhaltige Entwicklung aus aller Welt auf, gibt Hoffnung und macht Mut zum „Besser machen" für eine lebenswerte Zukunft. Tun wir, was wir tun können! Und nutzen diese Chance für eine ökologisch nachhaltige und sozial gerechte Trendwende in unserer Einen Welt!

# Erstes Treffen: vom Bessermachen

Februar 2021. Ein Wintertag. Der Schnee knirscht vor Kälte unter den Füßen der Menschen, die jetzt – kurz vor Ladenschluss – aus der Lilienapotheke kommen. Nur, wer wirklich muss, geht bei diesen Temperaturen freiwillig vor die Tür. Seit Tagen sagt der Wetterbericht eiskalte Nächte mit bis zu – 20°C voraus. Seit Tagen ist es so kalt. Wetterfrösche im Recht.

Gegenüber der Apotheke liegt ein modernes Bürogebäude. Ein groß gewachsener Mann steigt die vom Schnee geräumten Betonstufen zum Empfang hoch, vorbei an ein paar weiß-orangenen Flaggen. „World Vision" steht darauf. Und: „Zukunft für Kinder". Das Gebäude steht in Friedrichsdorf, einer Mittelstadt bei Frankfurt, World Vision ist eines der größten Kinderhilfswerke in Deutschland und der Mann auf dem Weg zum Eingang ist Sven Plöger. Diplom-Meteorologe, gern gesehener Talkshowgast und den Klimawandel erklärender Bestsellerautor.

Plöger ist nach Friedrichsdorf gekommen, um sich in der Zentrale von World Vision Deutschland mit seinem Freund Christoph Waffenschmidt, Deutschlandchef des Kinderhilfswerks, zu treffen. Grund des Meetings – neben dem netten Beisammensein: der Zustand des Planeten. Der Zustand

15

der Gesellschaft. Bestandsaufnahme. Sammeln von positiven Beispielen, sammeln von To-do's und letztendlich: Motivation aufbauen, um es besser zu machen. Damit das alles doch noch gut ausgeht mit dem Klima und den Menschen.

Ist die Welt noch zu retten? Was muss getan werden? Und wo gibt es bereits tolle Beispiele, lokale Initiativen, die Hoffnungen machen und die andere vielleicht übernehmen können? Denn die Aufgaben sind gewaltig: den Klimawandel auf ein beherrschbares Level bringen, die weltweite Armut zurückdrängen, globale Gerechtigkeit schaffen, Kriege beenden und dauerhaft verhindern, Frieden sichern. Allen Menschen – und das sind knapp acht Milliarden – die Möglichkeit schaffen, ein selbstbestimmtes, gesundes Leben in Frieden und Freiheit zu führen. Dicke Bretter, die gebohrt werden wollen.

**Ist die Welt noch zu retten? Was muss getan werden? Und wo gibt es bereits tolle Beispiele, lokale Initiativen, die Hoffnungen machen und die andere vielleicht übernehmen können?**

Im Eingang des abendlich leeren Bürogebäudes wird Plöger von Waffenschmidt empfangen. Umarmen geht ja nicht, also stößt man die Fußspitzen aneinander. Auch nach fast einem Jahr wirkt das immer noch seltsam. Trotzdem merkt der Beobachter sofort: Da begrüßen sich zwei Menschen, die sich gut kennen und ganz offensichtlich mögen und schätzen. Ohne die Pandemie wären sich die beiden nun in die Arme gefallen, hätten sich kumpelhaft auf den Rücken geklopft und ihrer Freude über das Wiedersehen wortreich Ausdruck verliehen. Das wäre normal gewesen unter zwei

Jungs, die sich dem Rheinland verbunden fühlen. Aber was ist nach elf Monaten Corona-Virus noch normal?

Beim Gang durchs leere Bürogebäude werden Neuigkeiten ausgetauscht. Sven Plöger ist seit einigen Jahren Kuratoriumsmitglied bei *World Vision*, macht immer wieder in der Öffentlichkeit auf die Herausforderungen in Entwicklungsländern – und die wichtige Arbeit des Hilfswerks – aufmerksam. Im dritten Stock erreichen die beiden schließlich den Ort für ihr heutiges Gespräch. Eigentlich hätte es ein Kaminzimmer werden sollen. Prasselndes Feuer, gemütliche Sessel und Rotwein. Dazu Wasser, Tee und ein paar Snacks, damit Geist und Körper wach bleiben. Ein passendes Umfeld, um in einen Flow zu kommen. Ein Flow, in dem die Ideen sprudeln, in dem man sich gegenseitig Assoziationsbälle zuwirft, Gedanken aufgreift, manches weiterdenkt, anderes verwirft und, ja, auch ein wenig rumspinnt. So hätte es ohne Corona ausgesehen.

Stattdessen finden sich Plöger und Waffenschmidt in einem Meetingraum ein. Immerhin einer der ganz modernen Sorte, mit Sitzsäcken und Sitzwürfeln und Sitzschalen. Allesamt quietschbunt. Ein Spielzimmer für Kreative.

Beide lassen sich in zwei der Sitzsäcke fallen und ruckeln sich in eine gemütliche Position, mehr liegend als sitzend. Kurz wird der Abstand der Sitzgelegenheiten gecheckt. Es sind mehr als zwei Meter. Immerhin gibt es auch den ursprünglich angedachten Wein.

Waffenschmidt und Plöger prosten sich zu und dann kann es losgehen. Das Denken. Das Sammeln, das Suchen. Das Bessermachen!

# RHEINLAND UND ENGAGEMENT: GEMEINSAME WURZELN

„Wie lange ist es jetzt her, dass wir uns kennengelernt haben, weißt du das noch?", fragt der Meteorologe den Vorsitzenden des Hilfswerks und prostet ihm zu.

„Auf einen schönen und erfolgreichen Abend." Die hastig aufgetriebenen Weingläser stoßen klingend aneinander und Waffenschmidt lässt sich zurück in den Sitzsack fallen.

„Das kommt darauf an, was du als Kennenlernen definierst. Zum ersten Mal getroffen haben wir uns ja in der Kantine der Bavaria-Filmstudios in München. Das müsste so 2015 gewesen sein. Wir waren auf der Suche nach weiteren Kuratoriumsmitgliedern, und eine gemeinsame Bekannte von uns beiden hatte dich schon im Vorfeld angepriesen und gesagt, dass der Plöger total gut passen würde. Umgänglich, menschlich super und hat echt was auf dem Kasten. Du könntest also eine Menge beitragen, war ihr Fazit. Und dann hat sie auch ziemlich schnell den Kontakt hergestellt."

„Genau", nickt der Wetterfrosch und erklärt, dass solcherlei Anfragen immer ein zweischneidiges Schwert seien. „Man kann sich einfach nicht überall engagieren." Einerseits wäre es zeitlich kaum möglich, andererseits erschiene man in der öffentlichen Wahrnehmung irgendwann unglaubwürdig und hätte schnell den Ruf weg, sich in erster Linie zu engagieren, um das eigene Image aufzupolieren. „Aber *World Vision* kannte ich bereits und fand gut, was ihr weltweit tut. Zur Sicherheit habe ich dann aber noch meine Mutter um Rat gefragt, die viele, viele Jahre lang in der Entwicklungshilfe tätig war. Ihr Schwerpunkt lag im Bereich Lateinamerika, weil sie fließend Portugiesisch spricht, die Sprache sogar studiert hat und schon in den 1950er-Jahren, als ganz junge Frau, einen Au-Pair-Job in Lissabon hatte. Sie gab grünes Licht und befand eure Arbeit für unterstützenswert. Und so haben du, ich und *World Vision* zueinandergefunden."

Waffenschmidt nippt erfreut an seinem Wein. „Na dann: Ein Hoch auf deine Mutter." Wieder stoßen beide mit ihren Weingläsern an.

„Ja, ein Hoch auf meine Mutter. Von ihr habe ich auch meinen starken Gerechtigkeitssinn geerbt", sagt Plöger. „Und insbesondere in den vergangenen zehn, zwanzig Jahren gab es Entwicklungen, die ich nicht mehr verstehe und die ich für zutiefst ungerecht halte. So fällt es mir zum Beispiel wirklich schwer zu ertragen, dass die 85 reichsten Menschen auf dieser Welt so viel besitzen wie die ärmere Hälfte der Weltbevölkerung zusammen. Das sind etwa 3,5 Milliarden Menschen. 85 zu 3.500.000.000. Nicht 85 *Tausend*, nicht 85 *Millionen*. Nur 85. Das werde ich niemals verstehen und akzeptieren können. Und dieses Unverständnis gepaart mit dem Willen, etwas besser zu machen, hat dann dazu geführt, dass wir uns damals in München in den Bavaria-Studios

trafen. Wenn ich dazu beitragen kann, dass sich die Verhältnisse, wenn auch anfangs nur im kleinen Rahmen und langsam, peu à peu sozusagen, verändern, dann will ich gern mit-
helfen. Und da hat es dann ja auch sofort gefunkt zwischen
uns beiden."

Sven Plöger muss schmunzeln. „Das war toll. Ich glaube,
das kennt jeder: Man lernt einen Menschen kennen und
spürt sofort die gemeinsame Wellenlänge. So war mein Eindruck bei unserem ersten Gespräch. Eineiige Zwillinge, bei
der Geburt getrennt. Oder siehst du das anders?"

„Das habe ich auch so empfunden. Da war sofort eine
ganz große Herzlichkeit und Offenheit zwischen uns. Wenn
Menschen in der Öffentlichkeit stehen und einen Promi-
nentenstatus haben, wirken sie ja manchmal ein wenig un-
nahbar. Und das hätte ja auch bei einem berühmten Wetterfrosch", Waffenschmidt muss lachen, „so sein können. War's
aber eben nicht. Unser Kennenlernen war super, eben einfach entspannt und sofort interessant. Und außerdem kommen wir ja aus der gleichen Region. Als Rheinländer ist man
sich ja eh zujäwandt."

Den letzten Satz bringt Christoph Waffenschmidt in au-
thentischstem Rheinländisch über die Lippen. Beide albäärn
ein wenisch über dat Rheinlaand unn ihrää Häimaat, werfen sich Schlagworte zu: Wein, Rhein, Kölsch, Karneval und
Fröhlichkeit. Die Chemie stimmt zwischen den beiden.

Waffenschmidt steht auf und öffnet ein Fenster. Stoß-
lüften. Aerosole. In den vergangenen Monaten haben sich
neue Routinen entwickelt, die man halt so macht – selbst
wenn in diesem Fall die Beteiligten auch einen negativen

Schnelltest vorweisen konnten. Sonst wäre dieses Gespräch gar nicht möglich gewesen. Eben noch rheinische Lebensfreude, jetzt wieder kalter Pandemie-Alltag. Nach ein paar Minuten schließt er das Fenster und lässt sich wieder in den Sitzsack fallen.

„Es ist auch erstaunlich – deswegen passt das Bild mit den Zwillingen wirklich gut –, wie ähnlich wir sozialisiert wurden. Bei dir war es die entwicklungshelfende Mutter, die dir ein Gespür für all die Ungerechtigkeiten in der Welt mitgab, bei mir war es ein christlich geprägtes, bürgerliches und politisch aktives Elternhaus. Meine Mutter stammte aus einer Kaufmannsfamilie, mein Vater war in der Landes- später in der Bundespolitik. In unserer Familie war es völlig normal, gesellschaftliche Verantwortung zu übernehmen und sich für die Allgemeinheit einzusetzen. Diesen Blick auf die Gemeinschaft und den Willen, sie zu gestalten, sie zu verbessern, das habe ich sozusagen schon mit der Muttermilch aufgesogen. Später – 1991 – war es der erste Jugoslawienkrieg, der mich aktivierte. Ich sah einen Fernsehbericht über Fliegerangriffe auf einen Grenzübergang zwischen Österreich und Slowenien. Das war so nah. Österreich kannte ich aus dem Urlaub, und der Gedanke, dass in unmittelbarer Nähe ein Krieg tobt, machte mich wütend, Und letztlich war er der Funke für all mein späteres humanitäres Engagement. Ich bin dann viele Male mit einem 7,5-Tonner voller Hilfsgüter auf den Balkan gefahren. Endlos lange tausend Kilometer mit achtzig Kilometern pro Stunde auf der Autobahn."

Waffenschmidt hält kurz inne, fixiert einen Punkt an der Wand oder etwas hinter der Wand. Etwas in seiner Erinne-

21

rung. „Und jetzt sitze ich hier in Friedrichsdorf, begleite weltweit Projekte, die vor allen Dingen die Auswirkungen von Armut vor Ort lindern sollen und zu einer Verbesserung der allgemeinen Situation beitragen. Und du schreibst Bücher über den Klimawandel, setzt dich dafür ein, dass die Menschen endlich verstehen, wie das alles funktioniert und warum es so wichtig ist, dass wir keine Zeit mehr mit Reden verschwenden und endlich ins Handeln kommen."

Plöger hakt ein: „Ja, und weiß du was? Diese ganzen Themen, für die wir beide uns da engagieren, sind ja nicht neu, aber ich hatte in den letzten Jahren oft den Eindruck, alle wissen Bescheid, aber es tut sich nichts. Doch jetzt gerade habe ich das Gefühl, dass Bewegung in die Sache kommt. Wenn man in die Geschichte schaut, gab es immer wieder eindeutige Beispiele für plötzliche positive Entwicklungen. Mein intensivstes Erlebnis dieser Art war zweifellos der Fall der Mauer. Sie war in meiner Lebenswelt immer da und obwohl ich als Rheinländer in der Nähe von Bonn lebend ja nun mal denkbar weit vom Geschehen entfernt war, hatte ich im November 1989 tagelang eine Gänsehaut, weil ich merkte, dass hier just in diesem Moment Weltgeschichte stattfand. Hätte im Herbst 1987 jemand behauptet, dass die Mauer in zwei Jahren fallen werde und wir in drei Jahren die Wiedervereinigung Deutschlands erleben, wäre derjenige wohl schlicht zu einem Neurologen oder Psychiater geschickt

**Die Vorhersage von Ereignissen ist nun einmal viel schwieriger als deren Nachhersage. Wer weiß das besser als ein Meteorologe, denn Wetternachhersage kann jeder!**

worden – der könne vielleicht helfen. Die Vorhersage von Ereignissen ist nun einmal viel schwieriger als deren Nachhersage. Wer weiß das besser als ein Meteorologe, denn Wetternachhersage kann jeder!"

Waffenschmidt nimmt diese Vorlage dankbar grinsend auf. „Also, in der Wetternachhersage bin ich wirklich spitze. Gestern zum Beispiel, da hatten wir dieses Hoch, wie hieß es noch? Elfriede? Das hat uns auf jeden Fall ziemlich kaltes Wetter gebracht."

Plöger schmunzelt, überlegt kurz, ob er das Spiel weiter mitspielen will, entscheidet sich aber dagegen und fährt mit der Vergangenheit fort. Ist wichtiger. „Hört man Historikern zu, findet man schnell heraus, dass es begründet war, darauf zu hoffen, dass der von so vielen Menschen gemeinsam geführte Protest – also der Ruf nach Freiheit – ein Erfolg werden könnte. 1978 hätte das zum Beispiel nicht geklappt, alles braucht also seine Zeit! Die DDR-Wirtschaft lag 1989 am Boden und war kaum noch überlebensfähig, in der damaligen Sowjetunion war Michail Gorbatschow an die Macht gekommen und sah die Notwendigkeit der Neugestaltung, der Perestroika. Und Helmut Kohl hat die historische Möglichkeit begriffen und beherzt gehandelt. Ein bisschen wie bei Greta Thunberg und der sich daraus später entwickelnden *Fridays for Future*-Bewegung. Greta hat sich zum Klimastreik 2018 vor ihre Schule gesetzt, als es im Land unglaublich viele Waldbrände, Dürre und Hitze gab – alles keine typischen Phänomene für Schweden. Die Menschen machten sich Sorgen darüber und gleichzeitig stand auch noch eine Wahl ins Haus. Hätte es diese Umstände nicht gegeben, so hätte Gretas

Klimastreik vielleicht ein jähes Ende durch einen Klassenbucheintrag gehabt und es wüsste heute niemand, wer diese junge Dame ist."

Waffenschmidt schnauft bestätigend durch die Nase.

„Aber zurück zu uns: Wir sind beide ziemlich behütet aufgewachsen, sowohl innerhalb unserer Familien als auch in der politisch recht ruhigen Bonner Republik", knüpft der Wetterfrosch wieder beim Anfang an. „Aber das ist wahrscheinlich typisch für unsere Generation, vielleicht ist es sogar menschlich: Wir entwickeln den Impuls, uns zu engagieren und anderen zu helfen, vor allen Dingen dann, wenn wir persönlich berührt werden. Das kann die geografische Nähe der Not sein oder die menschliche Ebene. Wir müssen Verhältnisse, Menschen, Projekte ganz persönlich erfahren, damit wir uns einfühlen können. Das ist auch das Problem der Folgen des Klimawandels. Das Thema ist so groß und abstrakt, so weit weg – sowohl zeitlich wie geografisch – da fällt es vielen Menschen schwer, die Notwendigkeit des Handelns zu sehen.

Und, aber ich denke, da sind wir uns einig, wir müssen optimistisch bleiben. Nicht im Sinne einer naiven Es-wird-schon-alles-irgendwie-gut-gehen-Haltung, mit der wir uns beruhigen. Aber wir können den Optimismus als Grundeinstellung annehmen, als Sichtweise, wie wir auf Probleme schauen. Wie gewichten wir die Dinge in unserem Kopf – das ist die berühmte Sache mit dem halb vollen oder halb leeren Glas. Die Erkenntnis: Eine gesunde Sichtweise macht Krisen kleiner! Es braucht also Optimismus, um nicht handlungsunfähig durch die Welt zu taumeln. Es braucht aber auch

Gründe für einen Optimismus und damit auch Gründe für die stets so wichtige Hoffnung. Eine schwierige Situation einfach nur zu ignorieren und dabei zu hoffen, dass alles doch per Zufall anders und besser kommt als zu erwarten ist, ist wenig sinnstiftend. Heute sieht man zum Beispiel, dass viele Vorhersagen der Klimaforschung von vor 30 oder 40 Jahren recht gut eingetroffen sind. Jetzige Klimaprojektionen etwa für 2050 dann so darzustellen, als stochere die Wissenschaft hierbei nun völlig im Nebel herum, und deshalb grundlos zu hoffen, dass vielleicht alles anders kommt, ist wider die Vernunft. Es braucht also immer begründete (!) Hoffnung. Und deren Fundament ist die Suche nach Möglichkeiten, wie man problematische Entwicklungen ernsthaft abmildern kann. Was dabei enorm helfen kann, ist ein freies Denken, jenseits von festgefahrenen Strukturen.

Die Fähigkeit, über den Tellerrand zu schauen und die großen Zusammenhänge zu erkennen, haben wir, glaube ich, beide, lieber Christoph. Doch das ist ja kein gottgegebenes Talent, das kann prinzipiell jeder, wenn man ihn dazu ermutigt und schon früh lehrt, *out of the box* zu denken. Diese Fähigkeit ist enorm wichtig für die Herausforderungen, vor denen wir stehen. Denn genau so entwickeln überall auf der Welt kluge Köpfe wichtige Projekte. Mal größer angelegt, mal ganz lokal. Aber in Summe sind sie der Schlüssel, um einer der größten Herausforderungen der nächsten Jahre, dem Klimawandel nämlich, entgegenzutreten. Und genau bei solch einem konkreten und ebenso anschaulichen wie beeindruckenden Projekt haben wir beide uns dann ja so richtig kennengelernt. In Äthiopien, bei Tony Rinaudo."

**Tony Rinaudo** ist ein Agrarwissenschaftler, der 2018 mit dem alternativen Nobelpreis ausgezeichnet wurde. Der 1957 geborene Australier entwickelte in den 1980er- und 1990er-Jahren die Wiederaufforstungstechnik **FMNR** (Farmer Managed Natural Regeneration) für die Länder entlang der Sahelzone. Diese einfache, kostengünstige und ressourcenschonende Methode arbeitet mit im oberflächlich ausgetrockneten Boden vorhandenen Wurzeln, die in tieferen Erdschichten aber noch Wasser finden. Statt neue Baumsetzlinge zu pflanzen, die viel Pflege und Schutz benötigen, nimmt FMNR scheinbar abgestorbene Baumstümpfe, niedrig gewachsene Büsche und das im Erdreich vorhandene Wurzelsystem in den Fokus. Mit der richtigen Pflege, einem konsequenten Beschnitt und ein wenig Geduld wachsen aus diesen Überresten schnell neue Triebe. Im Gegensatz zu neu gesetzten Jungpflanzen können sie auf das vorhandene Wurzelsystem zurückgreifen, überleben daher viel häufiger und wachsen in kurzer Zeit zu stattlichen Jungbäumen heran.

Mehr als 200 Millionen Bäume sind auf diese Weise schon „wiederbelebt" worden.

Die Effekte des FMNR greifen auf regionaler und globaler Ebene. Vor Ort sorgen die Bäume für eine bessere Bodenqualität: Das herabfallende Laub düngt, die Wurzeln sichern den Boden vor Erosion. Feuchtigkeit wird länger im Boden gehalten, sogar der Grundwasserspiegel steigt mittelfristig. Durch Stickstoffanreicherung erhöht sich die mikrobakterielle Aktivität. Mehr Insekten siedeln sich an, Fressfeinde wie Vögel folgen. Gleichzeitig beschatten die belaubten Bäume die Erde und vermindern das Aufheizen durch die Sonneneinstrahlung. Das wirkt sich positiv auf die Ernteerträge der Pflanzen aus, die zwischen den Bäumen wachsen. Jedes Grad Celsius über 35 bedeutet 10 % Ertragsminderung.

Bereits im ersten Jahr der Anwendung der FMNR-Methode berichteten Bauern von deutlich gestiegenen Erträgen. Folgeeffekte sind steigender Wohlstand und sinkende Kinderarbeit. Durch die gewonnene Freizeit steigt der Anteil von Kindern, die zur Schule gehen, was zu einem höheren Bildungsniveau führt. Auf globaler Ebene entsteht durch FMNR ein grüner Gürtel entlang der Sahelzone, der die fortscheitende Desertifikation, also die Wüstenbildung auf eigentlich fruchtbarem Land, stoppt, das Klima vor Ort positiv beeinflusst und riesige Mengen $CO_2$ speichert, das der Hauptgrund für die steigende Erderwärmung und den Klimawandel ist.

# TONY RINAUDO,
# DIE AUFFORSTUNG UND
# DER TELLERRAND

„An die Reise erinnere ich mich sehr gut und gerne. Das war 2017", sagt Plöger, nimmt einen weiteren Schluck aus dem Weinglas und fährt fort. „Auf dem Hinflug musste der Flieger irgendwo über Kroatien einen Notabstieg machen, weil wir in Scherwinde kamen."

Plöger ist nicht nur gelernter Wetterfachmann, er ist auch Segel- und Gleitschirmflieger, weiß also, wovon er redet. Christoph Waffenschmidt zuckt nur mit den Schultern, hat seinerzeit gar nicht mitbekommen, was genau los war. Von irgendwoher zieht er einen großen Beutel mit Süßigkeiten hervor und wirft ein paar Schoko-Bonbons Richtung Sven Plöger. Die beiden scherzen ein wenig über das Schlafen in Flugzeugen, Nahtoderfahrungen bei Turbulenzen, Süßkram und Gewichtszunahmen. Jungs halt.

„Ja, das war ein turbulenter Auftakt für unsere Reise. Wir waren ja eine etwas größere Truppe, so zehn, fünfzehn Leute", sagt Waffenschmidt. „Der australische CEO von *World Vision* war unter anderem dabei, Günter Nooke, einige Regierungs-vertreter aus Berlin, Kira Vinke, promovierte Wissenschaftle-rin vom Potsdam-Institut für Klimafolgenforschung und noch einige weitere tolle Menschen. Mit der Reise verbanden sich mehrere Ziele. Natürlich wollten wir dir als Organisation unsere Arbeit vor Ort zeigen, damit du mal einen direk-ten Einblick bekommst. Und wir wollten Tony Rinaudo, dem später ja der soge-nannte alternative Nobelpreis verliehen wurde, einer größeren Öffentlichkeit vorstellen. Deswegen haben wir auch so viel gefilmt. Tony Rinaudo ist ein wirk-lich tolles Beispiel dafür, wie aus dem Engagement eines Einzelnen eine riesige Bewegung entstehen kann, die positive Auswirkungen auf einer großen Skala hat. Er hat Mitte der Achtzigerjahre mit zehn Dörfern und jeweils einem freiwilligen Farmer angefan-gen. Hat diesen Menschen gezeigt, wie die FMNR-Methode anzuwenden ist, und ist dann weitergezogen. Am nächsten Ort hat er weiteren Menschen FMNR nähergebracht und so eine Art von sehr wirksamem Schneeballsystem installiert. Denn die anfangs noch von der Dorfgemeinschaft belächel-ten Bauern steigerten in sehr kurzer Zeit ihre Erträge und ga-ben dann ihrerseits ihren begeisterten Nachbarn ihr Wissen weiter. Ausgehend vom Engagement von Rinaudo und diesen zehn Dörfern sind seit 1983 rund 200 Millionen Bäume ge-wachsen. Das ist fantastisch."

Der Entwicklungshelfer nimmt sich ein weiteres Schoko-

**Tony Rinaudo ist ein wirklich tolles Beispiel dafür, wie aus dem Engagement eines Einzelnen eine riesige Bewegung entstehen kann, die positive Aus-wirkungen auf einer großen Skala hat.**

Bonbon, steht auf und geht im Meetingraum auf und ab. Was auffällt: Die beiden Männer sind sich gegenseitig sehr zugewandt. Sie lassen sich ausreden, geben dem jeweils anderen Raum und Zeit, um Gedanken auszuführen und um die eigenen Gedanken zu ordnen. Ist der eine fertig, nimmt der andere den Faden auf oder spinnt einen neuen. Das ist immer noch ein Dialog, aber breiter und freier. Ein Gespräch ohne die Unart, in jeden zweiten Satz des Gegenübers reinzugrätschen.

Plöger nimmt einen Schluck Wein und knüpft da an, wo Waffenschmidt aufgehört hat. „Spannend ist ja auch, dass Tony dieses Verfahren aus einer Enttäuschung heraus entdeckt hat. Jahrelang hatte er in klassischen Aufforstungsprojekten mitgearbeitet und unzählige junge Bäume gepflanzt. Mit erstaunlich geringem Erfolg. Die meisten Bäumchen gingen ein, weil es schwierig ist, irgendwo auf Plantagen Setzlinge zu züchten und diese dann in die ziemlich lebensfeindliche Natur der wüstennahen Gebiete zu pflanzen. Trotzdem hat er immer weitergemacht, weil er wusste, dass er das richtige Ziel im Blick hatte. Nur der Weg dorthin war anfangs falsch. Oder zumindest umständlich. Aber er blieb! Am Ball, am Thema. Hat nicht aufgegeben.

Dabei hat ihm auch sein Glaube geholfen, denn er sagt von sich selbst, dass er schon früh sicher wusste, dass es seine gottgegebene Aufgabe sein würde, Bäume in der Wüste zu pflanzen. Und weil er da so sicher war, war ihm auch klar, dass es eine Methode geben musste, die funktionierte – nur hatte er sie eben noch nicht gefunden. Jahrelang hat er dafür gebetet, dass ihm die richtige Idee kommen möge. Und dann war sie auf einmal da. Diese eine bahnbrechende Idee, die ganz anders ist als alles vorher. Nämlich nicht neue Bäumchen zu pflanzen, für die es quasi unmöglich ist, in den trockenen Böden genügend tiefe Wurzeln zu bilden, um zu überleben – sondern noch vorhandene, an der Oberfläche tot aussehende oder durch Verbiss von Tieren und andere Umwelteinflüsse zu Büschchen verkrüppelte Bäume, die aber auf ein tiefes Wurzelwerk zugreifen können, mit gezieltem Beschnitt und etwas Pflege wiederzubeleben. Das System kann jeder in zehn Minuten lernen, man braucht dazu nur ein Messer und ein bisschen Durchhaltevermögen. Es funktioniert durchschlagend und beweist, dass mit einfachsten Mitteln und unter Nutzung der vorhandenen Ressourcen echte Veränderung möglich ist. Da hat ein Bewusstseinswandel stattgefunden. Weg von den großen, oft von außen kommenden Lösungen, hin zu kleinen Verhaltensänderungen, die enorme Effekte erzielen. Tony Rinaudo ist genau so ein Über-den-Tellerrand-Gucker, jemand, der nach anderen Lösungswegen sucht und sie schließlich findet. Solch eine kreative Verhaltensänderung wünschte ich mir auch für unseren Umgang mit dem Klimawandel hier in Deutschland und in der Welt."

Plöger, rücklings auf dem Sitzsack liegend, die Arme hinter dem Kopf verschränkt, macht eine kurze Pause und fixiert einen Punkt an der ebenfalls farbigen Wand im Meetingraum. Es wirkt, als müsse er sich kurz sammeln, um die vielen Gedanken in seinem Kopf zu ordnen. „Und, mein Lieber, was ihr da als *World Vision* in Äthiopien zusammen mit Tony Rinaudo umgesetzt habt und weiterhin umsetzt, ist gigantisch. Vor Ort die im wahrsten Sinne des Wortes blühenden Landschaften zu sehen und dann zu erfahren, dass an gleicher Stelle zehn, elf Jahre zuvor kaum etwas wuchs, das hat mich schwer beeindruckt. Zumal insbesondere diese Region seit vielen Jahren unter den Folgen der massiven Rodungen leidet. In früheren Zeiten galt Äthiopien als die Kornkammer Afrikas, davon waren wir viele Jahrzehnte sehr weit entfernt. Und auch wenn wir jetzt langsam wieder einen Weg einschlagen, der in eine andere, eine bessere Richtung führt, haben wir noch viel Strecke vor uns.

Aber kurz zur Einordnung: Äthiopien liegt zwar in den Tropen, hat aber kein typisch tropisches Klima. Es gibt viel Hochland, sodass die Temperaturen oft viel angenehmer sind, als es in diesen Breiten zu erwarten wäre. Deswegen gab es dort früher auch riesige Waldflächen, bevor die oft armutsbedingte Waldrodung dazu führte, dass dieses fruchtbare Land bis heute praktisch verdorrte. Waren vor hundert Jahren noch vierzig Prozent der Fläche Äthiopiens von Wald bedeckt, sind es heute nur noch drei. Das ist der stärkste lokale Klimaeinfluss des Menschen, der überhaupt möglich ist. Gerade deshalb wirkt sich die Erwärmung hier besonders stark aus – zwischen 1950 und 2010 sind die Temperaturen örtlich – leider fehlt ein flächendeckendes Messnetz – um mehr als 1,5 Grad angestiegen.

Besonders bedeutend sind aber zudem die Niederschläge. Hier gibt es zum einen große Unterschiede zwischen den tiefen Lagen, in denen teilweise unter 500 Millimeter oder Liter pro Quadratmeter im Jahr fallen, und dem Hochland, wo es über 2.000 Millimeter pro Jahr sein können. Diese Verhältnisse sind durchaus mit unseren vergleichbar. So gibt es etwa in Berlin 555 Millimeter und in einigen Alpenregionen ebenfalls über 2.000 Millimeter Niederschlag. Dabei sind die Unterschiede zwischen den Luvgebieten, also der windzugewandten Seite mit viel Regen, und den Leegebieten – windabgewandt und deshalb mit wenig Regen – oft enorm. Abhängig vom Breitenkreis und damit vom Sonnenhöchststand gibt es in Äthiopien zwei Regenzeiten. Die große Regenzeit mit den nassesten Monaten Juli und August und eine kleinere, meist im März und April. Die beiden heißen übrigens „Kiremt" und „Belg" – merken, das hilft dir vielleicht, wenn du irgendwann mal bei einer Quizshow sitzen solltest. Die Hälfte der Niederschläge im Hochland werden dabei durch feuchte Luft aus Norden, vom östlichen Mittelmeer und vom Roten Meer, dorthin transportiert. Ein Drittel kommt aus dem südwestlichen tropischen Indischen Ozean und kleinere Teile aus dem übrigen Indik, dem Kongobecken und aus lokalen Quellen. All diese Transportwege feuchter, regenträchtiger Luft unterliegen ständigen Schwankungen. Soweit ist alles im normalen Bereich, der das Land über Jahrhunderte hinweg mit ausreichend Niederschlägen versorgte, eine artenreiche Vegetation wachsen ließ und der Landwirtschaft gute Erträge brachte.

Diese Schwankungen nehmen mit dem Klimawandel und dem durch ihn hervorgerufenen Anstieg der Luft- und Wassertemperaturen nun aber maßgeblich zu. So fallen immer häufiger ganze Regenzeiten aus, und wenn dann der ersehnte Regen kommt, fällt er oft so heftig, dass es zu gewaltigen Schäden durch unvorstellbare Überschwemmungen kommt. Der vertrocknete Boden ist gar nicht in der Lage, die Wassermassen aufzunehmen. Dies geschah auch jeweils nach den verheerenden Dürren von 2005/2006, von 2010/2011 oder 2019/2020. Ganz besonders massiv waren die Folgen nach einer sehr langen Trockenheit, die Ende April 2016 zwar endete, wonach die Regenmassen aber so gewaltig waren, dass – kaum war die Dürre zu Ende – eine halbe Million Menschen von heftigsten Überflutungen unmittelbar betroffen waren. 200.000 von ihnen verloren gar ihr Zuhause.

Das Problem neben den Überschwemmungen: In der Dürrezeit sind viele Tiere der Hirten verendet, es mangelt an Fleisch und Milch und auch an Lasttieren, die auf den beschwerlichen Wanderschaften der Nomaden unverzichtbar sind. Nach Dürre und Überschwemmung kommt deshalb oft der Hunger. Für uns in unserer im Vergleich dazu von Wohlstand geprägten Welt ist das alles kaum vorstellbar.

Extremer wurden und werden diese Wetterabläufe zum einen durch die globalen Emissionen von Treibhausgasen, die praktisch gar nicht auf die Menschen in Äthiopien zurückzuführen sind. Ein Äthiopier emittierte 2019 zum Beispiel pro Kopf 0,17 Tonnen $CO_2$, ein Deutscher 8,5 Tonnen. Oder umgekehrt ausgedrückt: Ein Deutscher ist 50-mal so stark am Klimawandel beteiligt wie ein Äthiopier. Ein US-Amerikaner übrigens 91-mal so stark, denn dort wurden pro Person 15,5 Tonnen $CO_2$ ausgestoßen. Zum anderen natürlich durch die oben schon beschriebene lokale Wirkung der

Waldrodung. Und es gibt noch einen dritten, verstärkenden Prozess und der heißt ENSO oder ausgeschrieben „El Niño-Southern Oscillation".

Ohne hier nun trickreich ein ausführliches Meteorologie-buch über diese bedeutende tropische Zirkulation zu plat-zieren – du kannst gerne einmal den Begriff „Walkerzelle" in eine Internet-Suchmaschine eingeben und vertiefend nach-lesen –, sei hier nur dieser wichtige Punkt erwähnt: Es gibt sogenannte El Niño- und La Niña-Jahre. In El Niño-Jahren haben wir es mit einer sich vom Ostpazifik, insbesondere von den Küsten Perus her ausdehnenden Warmwasserano-malie zu tun. Die Folge sind dort aufsteigende, über Indone-sien absinkende und über Ostafrika und damit auch Äthio-pien wiederum vermehrt aufsteigende Luftmassen. Genau das produziert aber Schauer und Gewitter und so sind in El Niño-Jahren häufige Überschwemmungen die Folge.

Das Gegenteil passiert in La Niña-Jahren, denn das sind Jahre mit der entsprechenden ostpazifischen Kaltwasser-anomalie. Dann sinkt die Luft über Ostafrika großräumig ab, was sie trocknet und erwärmt. La Niña-Jahre sind darum meist Dürrejahre am Horn von Afrika. Die Klimaforschung findet derzeit immer mehr Anzeichen dafür, dass sich das natürliche Phänomen ENSO durch den menschengemach-ten Anteil am Klimawandel verändert und El Niño- oder La Niña-Ereignisse in Zukunft immer extremer ausfallen dürf-ten.

Für Äthiopiens Niederschläge kann in Zukunft auch der deutliche Wassertemperaturanstieg im südwestlichen In-dischen Ozean eine Rolle spielen. Er verstärkt hier die Konvektion, also das Aufsteigen der Luft und das damit verbundene Kondensieren des Wasserdampfes zu Wolkentröpfchen. Wenn in dieser Region aber plötzlich vermehrt Luft aufsteigt, muss sie an anderer Stelle natürlich auch vermehrt absinken. Wäre das nicht so, würde also immer mehr Luft aufsteigen als absinken, dann würde ja „unten" irgendwann die Luft verschwinden. So etwas lässt die Natur natürlich nicht zu und genau deshalb könnte – Physiker sagen dazu „aus Kontinuitätsgründen" – über Ostafrika in Zukunft die Luft eher absinken müssen. Das aber löst Wolken auf und könnte ein Grund dafür sein, dass die Monsunregen häufiger ausbleiben und sich öfter Dürren in der Region einstellen. Viel Forschung und vor allem ein dichteres Messnetz mit Wetterstationen ist in dieser Gegend allerdings dringend erforderlich, um die Entwicklung quantitativ wesentlich genauer zu verfolgen und darauf basierend zu prognostizieren."

Nach diesem Exkurs kommt Plöger wieder zu Tony Rinaudo und seinen blühenden Landschaften zurück. „Weißt du noch, wie ich ehrfürchtig vor den Bildern gestanden habe? Wie es 2006 dort ausgesehen hat und dann der Anblick von 2016. Ich habe mehrfach meine Brille gereinigt und immer wieder verglichen, ob das wirklich die gleiche Stelle ist. Aber der Hügel war unverkennbar. Damals Stein, heute grüne Landschaft. *Tony kann zaubern*, war mein etwas naturwissenschaftsferner Gedanke. Und dann wollte ich alles ganz genau wissen. Und das war wirklich ein Augenöffner! Mit Tony zu sprechen ist viel mehr, als Worte auszutauschen. Dieser herzliche, zurückhaltende, manchmal fast schüchtern wirkende Mensch entwickelt mit seinem charmanten australischen Englisch und mit seinen leuchtenden, wachen Augen eine unglaubliche Ausdruckskraft, wenn er über sein Herzensthema spricht. Der ist voller positiver Energie!"

Christoph hält schon seit geraumer Zeit ein Schokobonbon in der Hand, das er vor lauter zustimmendem Nicken aber wohl gänzlich vergessen hat. „Genau das, die Summe dieser Eigenschaften und seine Empathie, das muss wohl der Grund sein, warum er die Menschen vor Ort so gut erreicht. Sie vertrauen ihm – und ich habe manchmal das Gefühl, jeder Äthiopier kennt Tony."

„Christoph, vergiss ruhig weiter dein Bonbon, dann bekomme ich nämlich mehr davon. Die sind richtig lecker... "

Der Hinweis reicht und das Bonbon verschwindet im Entwicklungshelfer!

„Tony hat mir erzählt, wie schwer es zu Beginn war, die Bauern und ihre Familien davon zu überzeugen, die kleinen Bäumchen zu schonen und nicht einfach weiter als Brennholz oder Futter für ihre Tiere zu verwenden. Schließlich benötigt so eine Pflanze nun mal ihre Zeit, der Wald kommt nicht in zwei Wochen – aber die Menschen leiden ja *jetzt* Not, da muss man erst mal die

**Aber dort begreifen die Menschen, wie wichtig es für ihre eigene Zukunft ist, sich nicht nur mit dem Heute, sondern eben auch mit dem Morgen und Übermorgen auseinanderzusetzen. Diejenigen, die mit Tonys Methode arbeiten, verändern jetzt ihr Verhalten, damit sie irgendwann eine bessere Zukunft haben werden.**

Fantasie und Ausdauer entzünden, was aus diesem dürren Ast da werden kann. Die Bevölkerung mitzunehmen war der wesentliche Schritt, denn sonst wäre FMNR Theorie oder ein wissenschaftlicher Versuchsaufbau geblieben", sagt Waffenschmidt.

„Und, Sven, hinzu kommt ja noch, dass die Menschen dort in ihrer Sprache tatsächlich keinen Begriff für „nächste Woche" oder „nächstes Jahr" haben. Sie leben ganz selbstverständlich im Hier und Jetzt. Ein Zustand, den in unserer schnellen, hektischen und durchgeplanten westlichen Welt viele Menschen durch Meditation und Yoga zu erreichen versuchen. Aber dort begreifen die Menschen, wie wichtig es für ihre eigene Zukunft ist, sich nicht nur mit dem Heute, sondern eben auch mit dem Morgen und Übermorgen auseinanderzusetzen. Diejenigen, die mit Tonys Methode arbeiten, verändern jetzt ihr Verhalten, damit sie irgendwann eine bessere Zukunft haben werden. Deswegen heißt die Methode auch *Farmer managed*, denn die Veränderung passiert im Kopf und geht dann von der tatkräftigen Umsetzung der Landwirte aus."

Die Weingläser ruhen und Sven schaut nachdenklich vor sich hin. „Und wir in den Industrieländern sprechen im Gegensatz dazu ständig von der Zukunft und vergessen darüber so manchmal das Jetzt, in dem wir leben. Verrückt. Ich glaube, die Welt braucht viele Tonys – vor allem auch „Klima-Tonys". Die uns wirklich motivieren, jetzt für die Zukunft zu handeln. FMNR ist eigentlich die ganze Welt in klein. Klingt komisch, oder?"

**FMNR ist eigentlich die ganze Welt in klein.**

„Erklär's mir …"

„Ich meine die ganze Kette, die Verzahnung – so wie in

unserem Erdsystem. Äthiopien hat durch den Menschen seit 1900 etwa neunzig Prozent seiner Wälder verloren. Ein absoluter Kahlschlag, unter dessen Folgen man dort nun massiv leidet. Wir sind also Opfer unserer eigenen Taten. Eine unrühmliche Doppelrolle, so wie beim Klimawandel auch. Erst emittieren wir fleißig drauf los und dann leiden wir unter den Dürren und dem Starkregen, der eine Folge der von uns selbst verursachten Erwärmung ist."

**Erst emittieren wir fleißig drauf los und dann leiden wir unter den Dürren und dem Starkregen, der eine Folge der von uns selbst verursachten Erwärmung ist.**

„Du wolltest aber jetzt über Äthiopien reden, Sven."

„Eieiei, sorry. Wieder so ein kleiner Rheinländer-Ausflug, danke für den „roten Faden". Also, die Verzahnung: Alles ist verdorrt und nun kommt Tony daher und entdeckt mit FMNR eine total einfache und auch noch preiswerte Problemlösung. Er schafft es, Menschen für die Idee zu gewinnen, die Wälder beginnen zu wachsen. Plötzlich stehen da Bäume und spenden Schatten. Die Böden werden nicht mehr so heiß und ab dem Moment können die Bauern wieder etwas anbauen und ernten. Denn der Wald speichert auch den Regen besser und..."

„...und jetzt kommt Meteorologie für Anfänger, nicht wahr?"

„Ja, genau. Die Feuchtigkeit kann wieder verdunsten, ein Kreislauf entsteht und es regnet häufiger. Das ist Tröpfchen- und Niederschlagsphysik. Klingt sperrig, aber die Leute berichten, dass es dort wieder mehr regnet. Die Niederschlagsphysik scheint also richtig zu sein. Und wenn es regnet, entstehen dank der Pflanzen und Wurzeln auch keine Sturzbäche mehr, die alles mit sich reißen, sondern das Wasser bleibt im Boden zurück. Die Kinder, die wir ja im Land überall mit ihren gelben Kanistern gesehen haben, wie sie aus dreckigen Pfützen versuchen, Wasser zu schöpfen, finden nun wieder Quellen mit frischem Wasser. Die Bauern sind neu motiviert und können Teile ihrer Ernte verkaufen. Mit dem Erlös können sie Schulbücher und den Unterricht für ihre Kinder bezahlen, der Bildungsstand wächst! Das ist doch phänomenal, wie Tony aus einer trostlos wirkenden Situation mit einer ganz einfachen Idee ganz viel auf einmal verbessert, also quasi repariert hat, oder?"

„Ja, Sven, was glaubst du, wie froh wir sind, ihn in unserem Team zu haben! Und eins hast du gerade noch vergessen: die Mangelernährung. Sie geht durch die besseren Ernten und den Zusatzverdienst massiv zurück, und damit auch Rückstände der Kinder in der Entwicklung oder sogar schwere Behinderungen. An Tony kann man sehen, wie man die Dinge wieder zum Besseren verändern kann."

Waffenschmidt strahlt Plöger an, dann fällt ihm noch etwas ein: „Kannst du dich an Berhane erinnern? Ihn haben wir während unserer Reise auf seiner Farm besucht. Ganz begeistert hat er uns davon erzählt, wie er treu die FMNR-Methode angewandt hat und sich dadurch das Mikroklima bei ihm vor Ort verändert hat. Die Erde hat viel mehr Wasser aufnehmen können, die Böden wurden fruchtbarer und sein Ernteertrag hat sich vervielfältigt. Das Gemüse hat er auf dem lokalen Markt verkauft, dadurch zur Ernährungssicherung beigetragen und so viel Geld verdient, dass seine

Tochter die Schule beenden konnte und, darauf war er besonders stolz, als erstes Mitglied seiner langen Familiengeschichte studieren gehen kann. Berhane habe ich als einen im tiefsten Herzen glücklichen Menschen erlebt.

Aber so etwas klappt eben nur, wenn wir uns selbst ändern. Oder unsere Einstellung. Wir beide waren damals ja leider nur eine Woche in Äthiopien, ein Teil unserer munteren Truppe ist nach unserer Abreise noch in die Tigray-Region im Norden des Landes weitergezogen. Ein Gebiet, in dem aktuell leider wieder ein alter Konflikt ausgetragen wird und es massive Kämpfe zwischen der Zentralregierung und den Rebellen der Volksbefreiungsfront von Tigray, kurz TPLF, gibt. Mit Luftangriffen, zivilen Opfern und Hunderttausenden auf der Flucht. Wie so oft geht es um Macht, um Autonomie und ums politische System. Die TPLF reiht sich ein in die zahlreichen marxistisch-leninistisch orientierten paramilitärischen Gruppen, die überall auf dem afrikanischen Kontinent in der zweiten Hälfte des vergangenen Jahrhunderts agierten und vor allen Dingen Not, Chaos und Tod brachten. Damals, also 2017, war es aber relativ friedlich und der Gruppe wurde die Arbeit in einem Tal vorgestellt und gezeigt, dass FMNR ein wichtiger Teil eines noch viel umfassenderen, ganzheitlichen Konzepts ist. Dort wurde zusätzlich noch mit Bewässerungsgräben gearbeitet, sodass die Bauern besser durch die Trockenzeit kommen.

Wenn man das einmal erlebt hat und begreift, wie einzelne, scheinbar winzig kleine Faktoren ineinandergreifen, sich beeinflussen, sich verstärken, dann bekommt man ein noch besseres Verständnis für die Notwendigkeit, sich dem

Klimawandel entgegenzustellen. Aus altem Wurzelmaterial wachsen neue Wälder. Die verbessern Boden und Mikroklima, speichern $CO_2$, lassen versiegte Quellen wieder sprudeln und generieren noch nachhaltigere Einkommen für die Bewohner. Während wir hier im reichen globalen Norden ewig über große Lösungen diskutieren, mit Milliarden Euro jonglieren und das alles trotzdem sehr weit weg erscheint, braucht Tony Rinaudo lediglich sein Messer, damit aus kleinen unscheinbaren Trieben stattliche Bäume werden."

# SIEBZEHNMAL HOFFNUNG: DIE SUSTAINABLE DEVELOPMENT GOALS (SDG):

„Der Klimawandel", sagt Waffenschmidt konzentriert und zieht sich nach dem Schokoladengenuss seine FFP2-Maske wieder über Mund und Nase, „ist in den vergangenen Monaten durch die Pandemie etwas in den Hintergrund getreten, ganz so, als könnte die Gesellschaft nicht zwei Herausforderungen gleichzeitig managen. Was natürlich nicht stimmt. Vielleicht ziehen wir aus der Corona-Geschichte aber auch wichtige Erkenntnisse, wie wir zukünftig mit dem sich weltweit verändernden Klima umgehen müssen. Das wäre wünschenswert, denn ich denke, so langsam wird jedem klar, dass dies die zentrale Menschheitsaufgabe der kommenden Jahre sein wird.

Die UN hat im Jahr 2015 ja verschiedene Nachhaltigkeitsziele festgelegt, die allesamt dafür sorgen sollen, dass zukünftige Generationen frei von Gewalt und Armut selbstbestimmt in einer gesunden Umgebung leben können. Diese 17 sogenannten *Sustainable Development Goals* (SDGs) – also zum Beispiel die Reduzierung von Armut, das Beenden von Kriegen oder ein gewisser Wohlstand für jeden Menschen – sind ein wirklicher Gamechanger. Es gab zwar bereits seit dem Jahr 2000 die sogenannten *Millennium Development Goals*, die MDGs. Das waren ebenfalls ausformulierte Entwicklungsziele, jedoch nur acht an der Zahl, und sie galten für die ärmeren Länder, also das, was man heute den globalen Süden nennt.

**Infobox SDG**

*Mit den 17 Nachhaltigkeitszielen (**Sustainable Development Goals**) legten die Vereinten Nationen (UN) eine politische Zielsetzung fest, die die weltweite nachhaltige Entwicklung auf ökologischer, ökonomischer und sozialer Ebene sichern soll. Die 17 Ziele traten 2015 in Kraft und sind auf eine Laufzeit von 15 Jahren ausgelegt.*

**Die 17 Ziele sind folgendermaßen formuliert:**
1. *Keine Armut*
2. *Kein Hunger*
3. *Gesundheit und Wohlergehen*
4. *Hochwertige Bildung*
5. *Geschlechtergleichheit*
6. *Sauberes Wasser und Sanitäreinrichtungen*
7. *Bezahlbare und saubere Energie*
8. *Menschenwürdige Arbeit und Wirtschaftswachstum*

9. *Industrie, Innovation und Infrastruktur*

10. *Weniger Ungleichheiten*

11. *Nachhaltige Städte und Gemeinden*

12. *Nachhaltiger Konsum und Produktion*

13. *Maßnahmen zum Klimaschutz*

14. *Leben unter Wasser*

15. *Leben an Land*

16. *Frieden, Gerechtigkeit und starke Institutionen*

17. *Partnerschaften zur Erreichung der Ziele*

*Diese 17 Oberziele werden durch insgesamt 169 Vorgaben konkretisiert. Sie richten sich keinesfalls nur an Entwicklungsländer, sondern sind so formuliert, dass auch hochentwickelte Industrienationen einbezogen werden. Regionale und lokale Priorisierungen und Ausgestaltungsmöglichkeiten sollen die weltweite Akzeptanz erhöhen und die Menschen weltweit mitnehmen. Die jährlichen Kosten für diese Menschheitsaufgabe werden auf 2,5 Billionen Dollar – also 2.500 Milliarden – beziffert. Deren Finanzierung ist zu großen Teilen bisher nicht gesichert.*

Mit den SDGs, die auf den MDGs aufbauen und sie fortführen, haben sich erstmals nahezu alle Nationen der Erde auf ein gemeinsames, globales Vorgehen geeinigt. Diese Ziele sind unabhängig vom Entwicklungsgrad eines Landes. Sie gelten für alle Nationen. Das ist praktisch ein Weltvertrag, den wir Menschen mit uns selbst geschlossen haben. Und wir brauchen ihn durch die Pandemie dringender denn je. Auch wir als Hilfsorganisation arbeiten sehr eng an den Nachhaltigkeitszielen und leiten unsere langfristige Strategie daraus ab. So können wir viele unserer Projekte direkt den verschiedenen Zielen zuordnen und wissen für uns: Ja, wir arbeiten hart daran, die UN-Ziele Wirklichkeit werden zu lassen."

**Infobox Globaler Süden**

*Schwellen und Entwicklungsländer werden seit Ende der 1980er-Jahre als „globaler Süden" bezeichnet. Den „globalen Norden" bilden damit die reichen und hoch entwickelten Industrienationen. Die geografischen Bezeichnungen sind jedoch relativ losgelöst von der tatsächlichen Lage einzelner Staaten auf dem Globus. So zählen beispielsweise Australien oder Neuseeland zum globalen Norden, während Staaten wie Georgien, die Ukraine oder Nepal 2017 noch als Teil des globalen Südens galten.*

*Der Begriff wurde eingeführt, um die seit dem Zweiten Weltkrieg verwendeten – und wertenden – Begriffe der Ersten, Zweiten und Dritten Welt abzulösen. Nach wie vor wird aber auch vielfach die Unterscheidung von Entwicklungs- und Industrieländern genutzt.*

Im Oktober 2020 hat die Weltbank neue Zahlen zur weltweiten Armut herausgegeben. Und diese Zahlen sind ein ganz gutes Beispiel für die Sache mit dem halbvollen und dem halbleeren Glas. Nahezu komplett unter dem Radar der öffentlichen Wahrnehmung sank über Jahrzehnte hinweg die Zahl der Menschen, die weniger als 1,90 Dollar täglich zum Leben haben. Das ist die Definition von extremer, absoluter Armut laut Weltbank. Ohne Corona wäre die Entwicklung so weiter gegangen und wir wären irgendwo bei sieben oder acht Prozent der Weltbevölkerung gelandet, die in Armut leben. Durch die Pandemie liegen wir aber wieder bei über neun Prozent. Das ist zwar immer noch eine unglaubliche Verbesserung im Vergleich zu den 1980er- und 1990er-Jahren, wo die weltweite Armutsquote zwischen dreißig und vierzig Prozent lag, aber auch diese neun Prozent heute bedeuten, dass zig hundert Millionen Menschen im wahrsten Sinne des Wortes von der Hand in den Mund leben. Aber diesen massiven Rückgang der Armut, der könnte uns ruhig öfter einmal dazu veranlassen, das Glas als halbvoll zu bezeichnen. Wir dürfen da sicherlich nicht die noch immer vorhandene Armut vergessen, aber wir können auch ein wenig stolz darauf sein, dass Abermillionen Menschen heute nicht mehr arm sein müssen. Und die SDGs regeln ja noch viel mehr: Zugang zu sauberem Trinkwasser etwa oder zu Sanitäreinrichtungen. Und obwohl das ein historisches Projekt ist, weiß die Öffentlichkeit hier in Deutschland erstaunlich wenig darüber. Hier beherrscht nach wie vor der Klimawandel die Diskussion. Aber dazu kannst du mir als öffentlich lizensierter Klimaexperte bestimmt gleich noch ganz viel erzählen."

**Infobox Weltbank**

*Die Weltbank bzw. die aus fünf Einzelorganisationen bestehende Weltbank-Gruppe ist eine in Washington D.C. angesiedelte multinationale Entwicklungsbank, die nach dem zweiten Weltkrieg gegründet wurde, um den Wiederaufbau der im Krieg zerstörten Länder zu finanzieren. Aktuell gehören 189 Staaten zur Weltbank.*

*Heutzutage liegen die Kernaufgaben der Organisation in der Unterstützung wenig entwickelter Länder durch finanzielle und technische Hilfen, Beratung und Vernetzung. Zahlreiche Nicht-Regierungsorganisationen kritisieren unter anderem immer wieder die Führungsstruktur der Weltbank, die von wenigen reichen „Geberländern" gebildet wird, deren marktliberale Ausrichtung sowie eine nicht an den eigentlichen Zielen der Weltbank ausgelegte Kreditvergabe. So bekam 2019 China als zweitgrößte Wirtschaftsnation der Welt beispielsweise einen Kredit in Höhe von 1,4 Milliarden Dollar.*

# ENTWICKLUNGSHILFE 2.0:
# DIE „WUNSCHPATEN" UND
# DIE SELBSTERMÄCHTIGUNG

„Aber vorher möchte ich dir kurz ein anderes Beispiel aus meiner Erfahrung bei *World Vision* zeigen, das deine Erklärung zum Thema ‚Perspektivwechsel' schön ergänzt. Als Kinderhilfswerk liegt unser Schwerpunkt in der Arbeit mit und für Kinder. Möglich machen das die vielen, vielen Patenschaften, die Menschen in Deutschland für Kinder auf dem afrikanischen oder asiatischen Kontinent oder auch in Lateinamerika übernommen haben. Dabei unterstützt solch eine Patenschaft aber viel mehr als nur das eigene Patenkind.

Wir arbeiten sehr nachhaltig. So bedeutet eine Patenschaft für ein Kind eben nicht, dass das Kind direkt mit den Geldzahlungen unterstützt wird. Die Patenspenden fließen vielmehr in lokale Projekte. In Schulen, in die Trinkwasserversorgung, in Impfungen und andere wichtige Lebensgrundlagen. So profitiert nicht nur das Kind von den Spenden, sondern die gesamte Community, das Dorf, die Gemeinschaft, in der es lebt. Außerdem arbeiten wir sehr langfristig und dies bewirkt zusätzliche Nachhaltigkeit. Die geförderten Projekte laufen zehn, zwölf, fünfzehn Jahre, das bringt Sicherheit und Planbarkeit. Wenn wir also eine Unterstützung starten, kann sich eine Dorfgemeinschaft darauf verlassen, dass sie über einen langen Zeitraum unterstützt werden und wir eben nicht zwei Jahre später wieder weg sind.

So schafft *World Vision* den echten Aufbau von neuen Strukturen, die dann so nachhaltig sind, dass sie die weitere Entwicklung des Dorfes tragen, auch wenn wir irgendwann nicht mehr direkt fördern. Aufseiten der Paten arbeiten wir inzwischen ebenfalls mit viel mehr Nähe und Möglichkeiten jenseits der monatlichen Patenspende. Denn zum Beispiel im echten Leben bieten wir unseren Unterstützern viel mehr Möglichkeiten. Seit ein paar Jahren organisieren wir Patengruppen-Reisen, wo sich Interessierte direkt über die Projekte vor Ort informieren können. Also etwas ganz Ähnliches wie unsere Reise 2017 nach Äthiopien. Diese Reisen kommen richtig gut an und sind immer ratzfatz ausgebucht. Nichts ist halt authentischer, als das Projekt vor Ort mit eigenen Augen zu sehen und vor allem das Patenkind persönlich zu treffen."

Der *World Vision*-Chef kommt in einen Erzählflow. Gelegentlich gestikuliert er, um seine Ausführungen zu unterstreichen. Die Stimme ist fest, seine Augen leuchten. Man merkt, dass er da gerade über *sein* Thema referiert. Und dass ihm seine Arbeit wirklich am Herzen liegt. Er brennt dafür. Und das kann er auch gut vermitteln. Nicht die schlechteste Voraussetzung, um andere Menschen mitzunehmen und sie davon zu überzeugen, dass ihre Hilfe gerade unglaublich wichtig ist.

„Vor ein, zwei Jahren sind wir dann noch mal einen Schritt weiter gegangen und haben das System, wie Patenschaften vermittelt werden, noch einmal komplett auf links gedreht. Statt dass ein ‚patenschaftswilliger‘ Mensch hier bei uns sich ein Kind aussucht, machen wir es nun andersherum: Die Patenkinder bekommen Fotos und eine Kurzbeschreibung von den ‚Bewerbern‘ und können sich nun einen Paten oder eine Patin aussuchen. Und die ‚Pateneltern‘ sind nun in der Situation, dass sie gespannt darauf warten, ob und wenn ja, von welchem Patenkind sie ausgewählt werden. Das erscheint wie ein einfaches Umdrehen des bisherigen Modus, es hat aber eine Riesenwirkung auf beiden Seiten, bei den Paten und vor allem beim Kind. Wir nennen das Programm ‚Wunschpate‘ und dazu gibt es auch einen wunderbaren Clip auf YouTube. Musst du dir unbedingt mal anschauen.“

Plöger macht sich sofort eine Notiz in seinem Handy und hängt dann wieder gebannt an Waffenschmidts Lippen, als er die kleine Revolution des Patenschaftsprinzips weiter ausführt.

„Diese Umkehrung hat eine zutiefst emotionale und empathische Komponente. Das Patenkind empfängt nicht nur

> **Statt dass ein ‚patenschaftswilliger‘ Mensch hier bei uns sich ein Kind aussucht, machen wir es nun andersherum: Die Patenkinder bekommen Fotos und eine Kurzbeschreibung von den ‚Bewerbern‘ und können sich nun einen Paten oder eine Patin aussuchen.**

Unterstützung aus so einer Bittsteller-Position heraus, sondern entscheidet selbst, mit wem es diese Patenschaft eingeht. Das ist zutiefst WÜRDEvoll. Und auf einmal bekommt der potenzielle Pate im reichen Westen oder Norden eine Ahnung davon, mit welchen Hoffnungen, Wünschen und Gedanken so eine Patenschaft am anderen – ärmeren – Ende der Welt verbunden ist.

Solche Aktionen heben die Ungleichheiten natürlich nicht auf – und nach wie vor werden die meisten Patenschaften ganz klassisch vermittelt: Menschen wollen sich engagieren, suchen die Möglichkeit, Paten zu werden und bekommen dann von uns einen entsprechenden Vorschlag für ein Kind. Ich finde es aber total wichtig, dass wir als Deutsche, als Europäer, als wirtschaftlich Privilegierte einen anderen Blick einnehmen. Das, was wir zum Beispiel in afrikanischen Ländern leisten, leisten wir MIT ihnen, wir sind ihre Partner. Sie sind nicht nur Empfänger von Hilfe, sondern Gleichberechtigte auf Augenhöhe. Die Umkehrung der Auswahl bei der Patenschaft macht das deutlich und für alle, die dabei mitmachen, ganz klar. Es bleibt unsere Aufgabe, als Reichere zu unterstützen und zu fördern, aber dabei ein Stück Steuerung und Verantwortung abzugeben, weitet die Verständnisperspektive.

Und diese Erweiterung sensibilisiert und rückt vielleicht das eine oder andere schiefe Bild im Kopf

> **Das, was wir zum Beispiel in afrikanischen Ländern leisten, leisten wir MIT ihnen, wir sind ihre Partner. Sie sind nicht nur Empfänger von Hilfe, sondern Gleichberechtigte auf Augenhöhe. Die Umkehrung der Auswahl bei der Patenschaft macht das deutlich.**

wieder etwas gerade. Wir haben sowieso noch viel zu viele Klischees und Vorurteile über Afrika im Kopf. Ein verdorrtes Land, ein rückständiger Kontinent, überall herrschen Krieg und Hunger. In dieser Verkürzung stimmt das so ja alles nicht. In den vergangenen zwanzig, dreißig Jahren hat sich enorm viel entwickelt und vor allem auch verbessert in Afrika. Die Zahl der in absoluter Armut lebenden Menschen hat sich im Vergleich zu 1990 halbiert, immer mehr Menschen haben Zugang zu sauberem Wasser, es gibt boomende Wirtschaftsregionen in Afrika mit einer gut ausgebildeten, jungen Bevölkerung und innovativen Ansätzen im Bereich Umweltschutz oder in der Flüchtlingspolitik.

Damit wir uns nicht falsch verstehen: Das heißt nicht, dass alles gut ist, wir haben noch enorm viel zu tun und immer wieder gibt es Rückschläge. Aber es ist auch nicht so, dass dieser Kontinent als Ganzes komplett verloren ist. Aber dazu vielleicht später noch etwas mehr. Denn eigentlich wollte ich von dir noch etwas zum Thema Klimawandel hören und darüber, warum die Arbeit von Tony Rinaudo so wichtig ist und wie es denn jetzt eigentlich dem Regenwald geht."

# WARUM WETTER NICHT
# GLEICH KLIMA IST

Plöger nimmt den Ball gern auf. „Ich schlage dann mal einen etwas größeren Bogen, wenn ich darf. Denn eigentlich fängt es ja schon damit an, dass es manchen Menschen nicht leicht fällt, zwischen Wetter und Klima zu unterscheiden. Wir haben heute auch schon ein paar Mal beide Begriffe genutzt und auch, wenn dir das wahrscheinlich alles total klar ist, folgt nun ein kleiner Grundlagen-Exkurs.

Eigentlich ist es leicht: Wetter ist das tägliche Geschehen in der Atmosphäre mit all seinen Eigenarten. Und Klima ist die Statistik dieses Wettergeschehens. Wir mitteln dabei die Daten von mindestens dreißig Jahren, das ist ausreichend lang, um Trends zu erkennen. Dabei schauen wir uns entweder einen Ort oder eine größere Fläche an. Die größte Fläche ist dabei die der ganzen Welt und dann spricht man vom globalen Klima. Hier haben wir seit der Klimakonferenz in Paris 2015 (COP 21, Conference of the Parties) das Ziel, die Erderwärmung nicht weiter als um 1,5 Grad im Vergleich zur vorindustriellen Zeit steigen zu lassen. Kein leichtes Unterfangen, wie wir längst wissen, und wir nähern uns diesem Wert leider beachtlich stark. So hatte etwa der September 2020 bereits eine Abweichung von 1,3 Grad erreicht. Trotzdem sollte uns dieser Wert keine demotivierenden Sätze entlocken, wie etwa ,dieses Ziel können wir nie und nimmer erreichen'.

Besser ist es da schon, den Sonderbericht ,1,5 Grad globale Erwärmung' des Weltklimarats aus dem Oktober 2018 zu lesen. Dieser zeigt nämlich anhand wissenschaftlicher Studien, dass wir das Ziel sehr wohl erreichen könnten – aber freilich nur dann, wenn wir die Dinge tun, die wir uns vorgenommen haben. Das bedeutet Veränderungen für alle, überall – für jedes Land und für jeden Einzelnen. A zu sagen und dann trotzdem einfach B zu tun, wird nie ein sinnvolles Ergebnis zeitigen. Eigentlich eine banale Erkenntnis und doch tun wir uns genau damit besonders schwer.

**A zu sagen und dann trotzdem einfach B zu tun, wird nie ein sinnvolles Ergebnis zeitigen. Eigentlich eine banale Erkenntnis und doch tun wir uns genau damit besonders schwer.**

Auch wenn es mit dem Satz ,Klima ist gemitteltes Wetter' einfach sein sollte, beides auseinanderzuhalten, werden beide trotzdem in der öffentlichen und leider nicht selten auch in der politischen Debatte oft verwechselt. Im Wesentlichen hat das damit zu tun, dass wir Wetter mit unseren Sinnesorganen spüren. Mal ist es eben kalt, mal heiß, mal trocken, mal nass, mal windig oder stürmisch, und so haben wir ein emotionales Empfinden, wenn wir all dies erleben, und damit ist uns Wetter gefühlt ,ganz nah'. Statistik – also Klima – ist uns dagegen ,ganz fern', denn dafür haben wir vernünftigerweise keine Sinnesorgane. Aber genau deshalb tun wir uns auch so schwer zu erfassen, was auf unserem Planeten gerade passiert. In für uns langsamer Geschwindigkeit, für den Planeten aber in unglaublich zügiger Weise, verändert sich die Temperatur und mit ihr auch viele andere Parameter in der Atmosphäre. Wir können diesen für uns schleichenden Prozess leider nicht fühlen, wir bemerken aber die zunehmende Veränderung bei den Wetterabläufen. Was uns die Klimaforschung schon vor dreißig oder vierzig Jahren vorausberechnet hat, trifft heute ein. Wir stellen fest, dass sich Trockenphasen und Hitzeperioden deutlich häufen und sich Kälteperioden seltener einstellen.

**In für uns langsamer Geschwindigkeit, für den Planeten aber in unglaublich zügiger Weise, verändert sich die Temperatur und mit ihr auch viele andere Parameter in der Atmosphäre. Wir können diesen für uns schleichenden Prozess leider nicht fühlen, wir bemerken aber die zunehmende Veränderung bei den Wetterabläufen.**

Dass sich Kälte seltener durchsetzt, bedeutet aber nicht *nie*, denn schließlich sind auf diesem Planeten trotz der globalen Erwärmung weiterhin immer Kältereservoire zu finden, und diese Luftmassen können auch mal zu uns strömen. Deshalb ist eine kalte Witterungsperiode natürlich auch kein Widerspruch zur aktuellen Klimaerwärmung. Das ist vergleichbar mit Indizes an der Börse, etwa dem DAX. Wenn man zum Beispiel auf einen anhaltenden Aufwärtstrend schaut, so ist es auch hier kein Widerspruch, wenn an einem oder auch an mehreren Tagen die Kurse fallen, weil die Anleger vielleicht gerade ein paar Gewinne mitnehmen. In dieser Analogie wäre der tägliche DAX-Wert das Wetter mit all seinen Schwankungen und die 200-Tage-Trendlinie, die man an Börsen gerne nutzt, um langfristige Bewegungen zu erkennen, das Klima."

# WAS ICH NICHT SEH,
# TUT MIR DOCH WEH

Die beiden Männer beschließen, trotz der Kälte ein wenig an die frische Luft zu gehen und sich die Beine zu vertreten. Inzwischen ist es weit nach 21.00 Uhr und die Temperaturen liegen im zweistelligen Minusbereich.

Plöger und Waffenschmidt gehen über die menschenleere Straße entlang des *World Vision*-Gebäudes, atmen Nebelwölkchen in die Luft. Von Weitem betrachtet könnte man meinen, ihnen würden die Köpfe rauchen. Auf einmal bleibt Waffenschmidt abrupt stehen, sagt seinem Freund, dass er kurz warten solle, und verschwindet in einem Hintereingang des Gebäudes.

Ein paar Minuten später kommt er, beladen mit einer Feuerschale und Kaminholz zurück. „Isch dachtä, wir machen et uns nochma ein wenisch jemütlisch", sagt der Entwicklungshelfer zum leicht verdutzt dreinschauenden Plöger, der aber sofort für die Idee entbrennt.

Kurze Zeit später sitzen beide vor dem prasselnden Feuer. Strecken ihre Hände in Richtung der Flammen. Die beißende Kälte wird so ein wenig erträglicher, aber um gemütlich hier ein paar Stunden zu diskutieren, ist es einfach zu kalt. Die Pandemie lehrt vor allen Dingen eines: Improvisation, spontanes Verändern von Plänen und das Loslassen vom Gedanken der Perfektion.

„Vielleicht ist das eine Fähigkeit, die wir jetzt gerade neu erlernen und die uns helfen kann, zukünftig besser mit anderen gesellschaftlichen Herausforderungen umzugehen", sagt Sven Plöger. „Eben nicht ewig lange über ein zu findendes perfektes Ergebnis grübeln, sondern einfach anfangen zu machen. Besser ein siebzigprozentiger Erfolg, der schnell erreicht werden kann, als ein hundertprozentiger, der nie über die Planungsphase hinausgeht. Vom erreichten Standpunkt aus kann dann weitergedacht und verbessert werden."

**Besser ein siebzigprozentiger Erfolg, der schnell erreicht werden kann, als ein hundertprozentiger, der nie über die Planungsphase hinausgeht. Vom erreichten Standpunkt aus kann dann weitergedacht und verbessert werden."**

„Genau so läuft es im Softwarebereich", bestätigt Waffenschmidt. „Es kommt doch heute kaum ein Programm auf den Markt, das nicht nach und nach verbessert wird. Allein das Feedback der Kunden ist schon Gold wert und gibt den Entwicklern Infos, die sie auch mit unendlich vielen Tests nicht hätten erreichen können. Dieses Konzept heißt *Minimal Viable Product* bzw. MVP und kommt aus der Start-up-Szene: Man wirft ein minimal brauchbares Produkt auf den Markt, das aber bereits einen gewissen Nutzen für die Anwender haben muss, weil es sonst niemand einsetzt. Mit dem dann folgenden Feedback wird das Produkt schrittweise verbessert. Durch den engen Austausch mit den Nutzern kann der Produzent viele Wünsche, Vorschläge und Interessen der Zielgruppe umsetzen und das sich stetig verbessernde Produkt ganz nah an den Kundenwünschen orientiert fertigstellen. Ich weiß nicht, ob man das bereits als Schwarmintelligenz bezeichnen kann, aber es zeigt, dass in großen Gruppen auch ein großes Potenzial steckt. Da gibt es so viele Ideen, Kompetenzen und Leute, die über ihren Tellerrand schauen. Wenn wir es schaffen, dieses Potenzial zu nutzen und die Lösung zukünftiger Krisen nicht in die Hände einiger weniger Entscheider zu legen, sondern ganz breit aufgestellt nach Ideen und Auswegen zu suchen, fänden wir bestimmt Wege, die wir uns heute noch gar nicht vorstellen können."

„Dieser Gedanke lässt sich sicherlich auf die Klimakrise übertragen", erwidert der Wettermann und legt noch einmal zwei, drei Holzscheite in die Flammen. „Und wie wir jetzt mit der Pandemie umgehen, könnte eine gute Vorlage für den Umgang mit dem Klimawandel sein. Beide Krisen haben enorme Folgen und Auswirkungen. Der kleine, aber gravierende Unterschied liegt aber im Zeithorizont:

---

**Corona ist zeitlich nah bei uns. Die Auswirkungen spüren wir sehr schnell, sowohl positive durch geeignete Maßnahmen als auch negative, wenn Maßnahmen nicht greifen oder ausbleiben. Beim Klima reden wir aber nicht von Wochen oder Monaten, da reden wir von Jahren und Jahrzehnten. Die Auswirkungen sind deshalb aktuell noch klein oder lokal. Aber ein massives lokales Starkregenereignis ist für den Einzelnen**

**trotzdem dramatisch. Es kann berufliche Existenzen vernichten, das Haus zerstören oder den finanziellen Ruin darstellen. Und solche Extremwetterlagen nehmen auch bei uns immer mehr zu, das dürfen wir nicht länger verdrängen.**

---

Eine fatale Haltung, die unbedingt aufhören muss. Denn wenn der Zeitpunkt kommt, an dem die Klimaveränderungen uns hier im Land wirklich wehtun, dann sieht es in anderen Regionen der Welt bereits seit langer Zeit sehr, sehr viel schlimmer aus. Und dann ist der *point of no return* längst überschritten. Dann ist bereits eine Kettenreaktion in Gange, die nicht mehr gestoppt werden kann. Das ist einfache Physik. Temperatursteigerung, Abschmelzen von Eismassen, ein Steigen des Meeresspiegels und viele weitere kleine Veränderungen, die das ganz System komplett verändern.

Erst wenn wir verstehen, dass wir mit der Natur und mit den Gesetzen der Physik nicht verhandeln können, kommen wir wirklich weiter. Viele verhalten sich aber immer noch nicht danach und argumentieren, als gäbe es diesbezüglich irgendeinen Spielraum. Dabei ist die Aufgabe, die wir für die kommenden Jahrzehnte gestellt bekommen haben, ganz klar definiert: Die Erderwärmung muss bis Ende des Jahrhunderts auf unter zwei Grad Celsius, besser auf unter 1,5 Grad begrenzt werden. Dazu müssen wir den Ausstoß von Kohlenstoffdioxid massiv begrenzen. Unser Handlungsspielraum beschränkt sich jetzt lediglich darauf, zu schauen, in welchen Bereichen wir den $CO_2$-Ausstoß in relevanten Mengen verringern können. Energieerzeugung, Mobilität, Industrie, Alltagsverhalten. Alles Stellschrauben, an denen gedreht werden kann und muss.

Warum vielen Menschen die zwingende Notwendigkeit dieser Maßnahmen immer noch nicht bewusst ist, liegt an der zeitlichen Dimension, aber auch an den physikalischen Eigenschaften des Kohlenstoffdioxids. Das Gas, das wir hier übrigens auch gerade mit unserem Feuerchen in die Luft jagen, sieht und riecht man nicht. Es ist eine unsichtbare Gefahr. Und die sind ja bekanntlich am gefährlichsten, die unsichtbaren Gefahren. Man muss sich $CO_2$ einfach nur mal als schwarzes oder tief graues Gas vorstellen, das so riechen würde wie die Stinkbomben, die wir früher ins Lehrerzimmer unserer Schule geschmissen haben – was wir erheblich witziger fanden als der Lehrkörper."

**Man muss sich $CO_2$ einfach nur mal als schwarzes oder tief graues Gas vorstellen, das so riechen würde wie die Stinkbomben, die wir früher ins Lehrerzimmer unserer Schule geschmissen haben – was wir erheblich witziger fanden, als der Lehrkörper.**

Beide lachen verschmitzt und es scheinen ähnliche Erinnerungen hochzukommen.

„Jedenfalls macht das Bild eines immer und überall, also auch in unseren beliebten Urlaubsregionen, bleischweren und tiefgrauen Himmels einen abschreckenden Eindruck. Man stelle sich vor, wir sähen die Sonne niemals mehr. Oder man stelle sich vor, man müsste vor jedem Schritt nach draußen erst mal eine Gasmaske anlegen, da man den Gestank sonst nicht ertragen könnte. In einer solchen Welt gäbe es wohl wenig Gezerre um die Umsetzung von Emissionszielen. Wir würden sie alle zwingend und dringend wollen und würden auf vieles andere sofort verzichten, um den Himmel wieder so zu sehen und die frische Luft wieder so zu genießen, wie wir das einmal hatten."

Beide Männer starren kurz gedankenverloren in die Flammen.

Dann fährt Plöger fort: „Wir müssen uns auch von dem Gedanken lösen, dass Klima, Armut, Krieg und schlechte Lebensbedingungen voneinander losgelöste singuläre Probleme sind. Das ist Quatsch. Der Klimawandel wird all diese Phänomene beeinflussen und verstärken. Wir werden das globale Hungerproblem nicht lösen können, wenn wir das Klima außen vor lassen. Zukünftige geografische Konflikte werden vom Klimawandel – im wahrsten Sinne des Wortes – angeheizt. Das greift alles ineinander, beeinflusst sich, verstärkt einzelne Effekte."

„Da wären wir dann beim Schlagwort Ganzheitlichkeit", sagt Waffenschmidt. „Ist ja ebenso in aller Munde wie auch Nachhaltigkeit. Aber es stimmt natürlich. Wenn wir die Lebensbedingungen auf diesem Planeten verbessern wollen, dann tun wir das natürlich über viele Einzelmaßnahmen und in den Bereichen, die auch die 17 SDGs vorgeben. Aber diese Einzelmaßnahmen haben ja ein gemeinsames Ziel beziehungsweise eine gemeinsame Stoßrichtung. So wie in der äthiopischen Tigray-Region, wo wir Bewässerungskonzepte mit Tonys FMNR-Methode kombinieren. Und wir müssen all diese Baustellen auch global betrachten. Ein Aspekt, der in der Corona-Pandemie übrigens ebenfalls viel zu kurz kommt. Wir diskutieren hier in Deutschland über nationale Alleingänge oder eine europäische Lösung. Und wir gucken vielleicht noch auf Neuseeland oder die USA, aber kaum jemand hat den afrikanischen Kontinent im Blick. Dort gibt es reihenweise Länder, die noch keine einzige Impfung verabreicht haben. Aber wir werden Corona nicht in den Griff bekommen, wenn wir Corona nicht weltweit bekämpfen. Denn sonst kommen irgendwelche Mutationen des Virus aus diesen Regionen einfach wieder zurück zu uns. Es ist schwer zu verstehen, dass es Menschen gibt, die das in der Gedankenwelt des ‚me first‘ einfach nicht erkennen können.

Und auch die Pandemie ist nicht nur ein Gesundheitsproblem. Dass die Wirtschaft betroffen ist, merken wir auch hier im Land, wo mit der Bazooka die staatlichen Hilfen verteilt werden. Ebenso wurden gnadenlos die Schwachstellen in unserem Bildungssystem offengelegt. Die Digitalisierung der Schulen schreitet ja nun immerhin etwas schneller voran, aber von digitalen Behörden und Online-Serviceangeboten der Ämter sind wir noch sehr weit entfernt. Nicht zuletzt hat das Virus den finanziellen Druck auf all jene erhöht, die sowieso schon wenig haben. Und das weltweit. Bei Oxfam, einer befreundeten anderen Hilfsorganisation, geht man inzwischen davon aus, dass die Corona-Pandemie den Kampf gegen die Armut in einigen Gebieten

**Bei Oxfam, einer befreundeten anderen Hilfsorganisation, geht man inzwischen davon aus, dass die Corona-Pandemie den Kampf gegen die Armut in einigen Gebieten auf diesem Planeten um dreißig Jahre zurückwerfen könnte.**

auf diesem Planeten um dreißig Jahre zurückwerfen könnte. Da hängt einfach so viel dran: Mehr Armut bedeutet schlicht und einfach, dass mehr Kinder arbeiten müssen und nicht zur Schule gehen, Mädchen früher verheiratet werden."

Waffenschmidt wirft die beiden letzten Holzscheite ins Feuer. Funken fliegen durch die Winterluft, Hände werden Richtung Flammen gehalten. Den Wein haben die beiden oben im Meetingraum vergessen, er hätte jetzt wahrscheinlich eh nicht mehr die optimale Trinktemperatur oder wäre eingefroren. Glühwein wäre besser. Noch besser Glühwein mit Schuss.

„Und wenn ich da mit meiner Klimaexpertise ergänzen darf", setzt Plöger an und dreht sich mit dem Rücken zum Feuer. „Einen wichtigen Punkt beziehungsweise eine wichtige Herausforderung haben wir bisher kaum besprochen. Der Klimawandel wird mittelfristig zu massiven weiteren Fluchtbewegungen führen. Die schreckliche Situation, die wir 2014/2015 erlebt haben, wird sich wiederholen. Menschen werden ihre Heimat verlassen müssen, weil das Land, in dem sie leben, sie nicht mehr ernähren kann. Oder weil es kriegerische Konflikte um fruchtbare Regionen, um Wasserstellen, um vor Überflutungen geschützte Orte geben wird. Und da geht es nicht um ein paar Hunderttausend Geflüchtete. Laut der UN-Flüchtlingshilfe werden in den kommenden fünfzig Jahren zwischen 250 Millionen und einer Milliarde Menschen aufgrund des Klimawandels ihre Heimat verlassen müssen. Teilweise werden es nur Bewegungen innerhalb einer Region oder eines Landes sein, aber es ist naiv zu glauben, dass wir hier in Deutschland von diesen Auswirkungen nichts mitbekommen werden. Da kommt viel in Bewegung, eine neue Völkerwanderung, und auch wir werden uns damit auseinandersetzen müssen. Zusätzlich wächst die Weltbevölkerung. Das mag jetzt platt und alarmistisch klingen, aber in Zukunft werden immer mehr Menschen immer weniger Landfläche zur Verfügung haben, auf der es sich leben lässt."

# „O WIE SCHÖN IST TUVALU"
# ODER: DAS WASSER STEHT UNS
# BIS ZUM HALS

„Ich würde dir gern an einem Beispiel... na ja, vielleicht auch an zwei Beispielen verdeutlichen, was es wirklich bedeuten könnte, seine Heimat zu verlieren. Das ist bisweilen ja eine sehr abstrakte Vorstellung, und wie wir hier so am Feuer stehen und uns die Kälte trotzdem in alle Glieder fährt... das ist die passende Stimmung."

Waffenschmidt springt ein wenig auf der Stelle, wie man es so macht, wenn Füße und Zehen nicht so recht warm werden wollen, hält seine Hände gegen das Feuer und nickt. „Schieß los, Sven. Ich bin gespannt."

„Es kommt freilich selten vor, aber es gibt tatsächlich auch mal Reisen, die ich ganz ohne dich absolviere. Ich möchte zwei davon hier dennoch kurz erwähnen, da sie beide jeweils Schlüsselerlebnisse enthielten, die mich sehr bewegt und damit auch meinen Blick auf die Welt mitgeprägt haben. Im Sommer 2018 führte mich eine Reise mit deinen Kollegen von der Hilfsorganisation *Brot für die Welt* nach Tuvalu."

„Bei Tuvalu denke ich immer direkt an Funafuti, die Hauptstadt. Als Kind habe ich mal alle Hauptstädte der Welt auswendig gelernt und fand, dass „Tuvalu" und „Funafuti" sehr lustig klingen", entgegnet Waffenschmidt spontan.

„Klingt vor allem weit weg. Sehr weit weg. Nach Südsee-Paradies. Und diese Assoziation passt. Tuvalu ist ein Inselstaat etwa zweieinhalb Flugstunden nördlich der Fidschi-Inseln in der Nähe von Tonga. Blickt man ganz grob auf eine Landkarte, dann würde man wohl sagen: zwischen Australien und Hawaii. Das Wort Tuvalu bedeutet in der Landessprache übrigens so etwas wie „acht zusammengehörend". Hört man dann, dass Tuvalu aus neun Inseln besteht, zweifelt man möglicherweise kurzfristig an den mathematischen Fähigkeiten der Inselbewohner, doch hier die Auflösung: Die neunte und südlichste Insel wurde erst 1949 besiedelt und kam somit zur Verwaltungseinheit dazu. Insgesamt leben rund 11.000 Menschen auf Tuvalu, der Inselstaat ist seit 1978 unabhängig, vorher gehörte er zum Vereinigten Königreich. Kleine Nebenbemerkung: Wer eine Internetseite mit der beliebten Endung „.tv" öffnet, hat es prompt mit der Landeskennung für Tuvalu zu tun, etwa bei arte.tv. Ein amerikanisches Unternehmen verwaltet die „.tv"-Domain und bezahlt dafür jährlich fünf Millionen Dollar an den Inselstaat. Das ist ein Fünftel des Bruttonationaleinkommens.

Tuvalu gelangte vor einigen Jahren, aber nicht deshalb oder wegen seiner paradiesischen Lage, in den Fokus der Medien, sondern eher wegen seiner prekären Lage. Die Inseln ragen nämlich im Schnitt nur rund zwei Meter aus dem Meer und gerade in dieser Region der Welt steigt der

Meeresspiegel am stärksten an. 4,6 Millimeter im Jahr, so teilte mir der Landeschefmeteorologe in einem persönlichen Gespräch mit. Wenn man nun ausrechnet, wie lange der Meeresspiegel in dieser Geschwindigkeit steigen darf, dann haben wir es mit einem doch eher entspannenden Zeitraum von mehr als 400 Jahren zu tun. Das Problem liegt woanders, nämlich bei den Stürmen. Zuvor aber noch dieser Gedanke:

Diese 4,6 Millimeter sind rund ein Drittel mehr als der weltweite Durchschnitt. Im ersten Moment klingt das vielleicht verwirrend, denn wieso ist der Meeresspiegelanstieg nicht überall gleich? Schaut man in eine mit Wasser gefüllte Badewanne, so findet man hier eine ganz gerade Wasserlinie und nicht etwa Wasserberge und Wassertäler. Selbst in großen Seen, wie zum Beispiel dem Bodensee, ist das abgesehen von ein paar kleinen Wellen so. Aber betrachtet man die Wassermassen der Ozeane, dann ist es anders, und verantwortlich dafür sind die Meeresströmungen, die ständig das Wasser hin und her verfrachten, um einen Ausgleich herzustellen. Auslöser für die Strömungen sind neben den Gezeiten, die Mond und Sonne verursachen, unterschiedliche Temperaturen und damit Wasserdichten sowie der unterschiedliche Salzgehalt in verschiedenen Wasserschichten. Und – für manche überraschend – die Schwerkraft der verschiedenen Gesteinsarten unterschiedlicher Masse unter dem Meer spielt eine durchaus beachtliche Rolle. Viel Anziehung heißt dann auch viel Wasser und umgekehrt. So ist etwa wegen der schwächelnden Erdanziehung südlich von Indien der Meeresspiegel rund hundert Meter tiefer als anderswo, eine durchaus beachtliche Größenordnung. Sehen kann man das wegen der Tausenden von Kilometern betragenden Ausdehnung solcher Flächen natürlich nicht."

Christoph Waffenschmidt ist sichtlich beeindruckt von diesen Zahlen. „Das ist ja ganz erstaunlich. Mir war klar, dass es Wellentäler und Wellenberge gibt, und dass der Meeresspiegel an unterschiedlichen Punkten verschiedene Höhen hat. Aber eigentlich denkt man ja, dass das Wasser sich gleichmäßig verteilt und sozusagen um Ausgleich bemüht ist. Haben wir in der Schule damals ja auch gelernt. Du weißt schon, die Geschichte mit den kommunizierenden Röhren."

Plöger nickt, setzt an, hat wohl einen Kommentar zum Physikunterricht auf den Lippen, winkt dann aber mit einer leichten Handbewegung ab, um nicht zu sehr vom Thema abzuschweifen. Also zurück zur Situation in Tuvalu. „Die Inseln werden die ersten sein, die durch den Klimawandel untergehen, so die reißerischen Medienberichte. Und tatsächlich ist die Dramatik vor Ort groß. Die Bewohner versuchen bereits heute, ihre Inseln mit immer größeren Sandsäcken und Felsblöcken, die als Wellenbrecher eingesetzt werden, zu sichern. Das Hauptproblem sind dabei die schweren, tropischen Stürme, die diese Region immer wieder heimsuchen. Je höher der Meeresspiegel, desto schneller überschwemmt der Sturm die Eilande. Genau dies ist die größte Gefahr für die Bevölkerung, wenn der sie umgebende und auch ernährende Ozean plötzlich zum Gegner wird und diesen schönen Platz mitten im Pazifik lebensgefährlich macht. Bei meinem Besuch hatte ich auch die Gelegenheit, die Warnsysteme anzuschauen, die insbesondere die Leute auf den weiter draußen gelegenen Inseln schnell informieren, sollte sich ein Tropensturm nähern. Dann können die überall angelegten Shelter aufgesucht werden. Neben der Gefahr durch Sturm und Überflutung nimmt aber auch die Versalzung von Trinkwasser und Böden mehr und mehr zu.

Am dritten Tag meines Besuchs wurde es dann offiziell: Enele Sosene Sopoaga, der damalige Premierminister, hatte unserer kleinen dreiköpfigen Abordnung eine Audienz gewährt. Fünf Minuten wurden dafür angesetzt, die Landespolitik muss verständlicherweise auch anderen Aufgaben nachgehen als zum Beispiel Wetterfrösche aus Europa zu empfangen. Doch nach einer kurzen Begrüßung wurde schnell klar, dass hier Menschen aufeinandertreffen, die sich aus höchst unterschiedlichen Lebenswelten dennoch viel zu sagen haben. Und prompt wurde die Zeit des sehr angenehmen und interessanten Gesprächs verzehnfacht.

Die Kernbotschaft des Regierungschefs war eindeutig: „Die Welt muss auf diese Inseln schauen. Wir sollten keinen Gedanken daran verschwenden, unsere Bevölkerung umzusiedeln, sondern dafür kämpfen, dass der Temperaturanstieg auf maximal 1,5 Grad begrenzt wird. Mit Schutzmauern und Aufschüttungen müssen wir alles dafür tun, dass wir eine Zukunft in unserem eigenen Land haben." Man konnte spüren, wie sehr diesem Mann seine Heimat und „seine Leute" am Herzen lagen, und er war überzeugt davon, dass eine Umsiedlung seiner Bevölkerung das falsche Signal an die ganze Welt wäre. Ist er immer noch! „Wer Tuvalu aufgibt, gibt auch den Kampf gegen den Klimawandel auf", so sagte er uns. Und er erzählte von dem Brief, den er Donald Trump zu dessen Amtsantritt geschrieben hatte: „Wir sitzen alle in einem Kanu. Und wenn wir nicht gemeinsam gegen den Klimawandel kämpfen, werden wir gemeinsam mit diesem Kanu untergehen", hatte er ihm mitgeteilt. Eine Antwort des *Make America Great Again*-Kameraden bekam er nie."

„Diese Präsidentschaft kommt mir immer noch wie ein sehr, sehr langer Albtraum vor. Und so groß die Freude über den Amtswechsel ist, es wird noch eine ganze Weile dauern, bis die Trump-Ära sowohl in den USA selbst als auch im Rest der Welt emotional und politisch aufgearbeitet sein wird", ereifert sich Waffenschmidt.

Plöger lässt diese Aussage einfach so im Raum stehen beziehungsweise in der eisigen Winterluft. Manchmal braucht es keine zusätzliche Bestätigung. Dann ist er aber wieder auf dem Südsee-Atoll: „Nach diesem emotionalen Gespräch mit dem Premierminister musste ich immer wieder daran denken, dass die Bewohner Tuvalus, diese 11.000 Menschen, quasi überhaupt keinen Beitrag zur weltweiten Klimaänderung leisten, denn das geschieht ja anderswo. Das mag jetzt ein sehr harter Ausdruck sein, aber sie sind die Opfer unseres Fehlverhaltens. Inmitten des schier unendlich erscheinenden Pazifischen Ozeans müssen sie für die Versäumnisse am anderen Ende der Welt bezahlen. Nicht, dass ich nicht wüsste, dass genau das auf diesem Planeten leider immer wieder geschieht. Aber es ist etwas ganz anderes, das vor Ort in einem direkten Gespräch von jemandem zu erfahren, der sich unmittelbar und ernsthaft fragt, wie er als Premierminister der Verantwortung seiner Bevölkerung gegenüber gerecht werden soll.

Diese Haltung einzunehmen ist zunächst einmal richtig, nachvollziehbar und logisch. Aber was passiert, wenn die Welt am selbstgesetzten Ziel von 1,5 Grad scheitert? Wenn du dort am Strand von Tuvalu stehst und auf den endlos scheinenden Ozean schaust, kannst du plötzlich fühlen, was es heißen würde, Klimaflüchtling zu werden. Wohin soll man gehen? Wie sehr wird man entwurzelt? Wird man nicht automatisch an einem anderen Ort zumindest gefühlt „Mensch zweiter Klasse"? Auf Kiribati, ebenfalls bestehend aus Atollen mitten im Pazifik."

„Mit der Hauptstadt Bairiki", wirft Waffenschmidt ein.

„... hat der ehemalige Präsident Anote Tong eine andere Politik verfolgt. Vor einigen Jahren hat seine Regierung auf den größeren und höher gelegenen Fidschi-Inseln rund 2.000 Hektar Land gekauft, um notfalls einen großen Teil der Bevölkerung dorthin umsiedeln zu können. Er nennt das „Migration in Würde". Das wäre dann so etwas wie der Plan B. Auch für Sopoaga und Tuvalu. Aber wenn man solche Pläne in Erwägung zieht und sie gegebenenfalls sogar umsetzt, dann bedeutet es ja auch, dass man zuvor aufgegeben hat, gegen den Klimawandel zu kämpfen. So weitsichtig die Entscheidung von Tong auch sein mag, da schwingt auch immer eine gehörige Portion Resignation mit.

Wir können ja mal ein Gedankenexperiment machen: Was würdest du fühlen und denken, wenn bei dir morgen jemand reinschneien und dir mitteilen würde, dass du wegen des Klimawandels in den kommenden Wochen Berlin dauerhaft verlassen musst, man für dich aber schon einen Platz in – sagen wir mal – Syktywkar, der Hauptstadt der nordwestrussischen Provinz Komi, gekauft hat. Mit dem Satz „Lern rasch noch ein bisschen Russisch, dann wirst du dich schon zurechtfinden". Und: „Ich wünsche dir, dass dich die Leute da willkommen heißen" geht es schon in die Verabschiedung: „Das wird schon werden. Alles Gute und bis dann"."

„Wenn ich andere Menschen und ihr Leid verstehen will, stelle ich mir immer ganz konkret vor, ich selbst käme in ihre Lage", antwortet Waffenschmidt. „Und diese Haltung gibt mir auch die Kraft, meine tägliche Arbeit zu tun, weil ich so viel näher an den Menschen dran bin, um die es letztendlich geht. Dann wischt man nicht mehr so einfach drüber – ein „Das wird schon"-Satz ist im Ernstfall keine Unterstützung und schon gar keine Lösung. Es sind eben nicht nur Geschichten und Zahlen und Beispiele. Hinter all diesem steht immer das ganz persönliche, individuelle Schicksal eines Menschen. Mit allem, was dazu gehört: Ängste, Sorgen, Wünsche und Träume. Das ist eine ganz wichtige Haltung."

Der Meteorologe nickt schweigend, er hat keine andere Antwort von seinem Freund erwartet. Dann fährt er fort: „Ich frage mich, ob ein Klimaflüchtling eigentlich rechtlich anerkannt ist. Artikel eins der Genfer Flüchtlingskonvention stammt schließlich aus dem Jahr 1951 und da war der Klimawandel natürlich noch längst kein Thema. So liest man dort, dass nach diesem völkerrechtlichen Vertrag als Konventionsflüchtling anerkannt ist, wer Verfolgung „aus Gründen der Rasse, Religion, Nationalität, Zugehörigkeit zu einer bestimmten sozialen Gruppe oder wegen seiner politischen Überzeugung" erlebt. Vor dem Hintergrund der SDGs, insbesondere dem Ziel dreizehn, bei dem es um Maßnahmen zur Bekämpfung des Klimawandels und seiner Auswirkungen geht, tut sich hier allerdings einiges. So hat der Menschenrechtsausschuss der Vereinten Nationen 2020 festgestellt, dass die Klimakrise ein Asylgrund sein kann und ein Land keinen Menschen abschieben darf, der Asyl sucht, weil die Klimakrise sein Leben im Heimatland gefährdet."

# BANGLADESCH UND DER
# TIGERWITWEN-ALPTRAUM

„Aber zurück zu meiner Reise. Am Abend unseres Treffens mit dem Premierminister genoss unsere kleine Reisegruppe ein lokales Bier und wir sprachen noch lange über das Treffen mit dem Regierungschef. Ich legte mich spät in der Nacht ins Bett, sehr aufgewühlt und unruhig, den Kopf voller Gedanken. In solchen Fällen neige ich dazu, wild zu träumen, weil unser Hirn ja das Erlebte emotional verarbeitet. Dann verbindet man dabei allerlei Ereignisse, doch die Logik der Gedanken geht im Traum zuweilen verloren. In diesem Fall hatten sich bei mir wohl die Stichworte „Wirbelsturm" und „Flucht" vermischt, und so träumte ich sehr intensiv von einer Reise, die ich ein paar Jahre zuvor, 2012, nach Bangladesch unternommen hatte.

Ich stehe im Flughafen von Dhaka, bin gerade aus dem Flieger rausgekommen. Niemand weiß genau, wie viele Menschen hier leben. Oft spricht man von dreißig Millionen, und die müssen es wohl mindestens sein, fahren wir doch zunächst fast drei Stunden durch die Stadt, ehe wir ihren Rand erreichen. Dann sechs weitere Fahrstunden durch halsbrecherischen Verkehr. Die Stärksten in der Mitte der Straße, das sind die Busse. Dann die Lkw, danach wenige Pkw, meist Geländewagen, dann, schon weit am Rand, Mofas, oft mit drei oder sogar vier Menschen besetzt. Danach, stets auf die Gehwege ausweichend, die Rikschas und Fahrräder, vor denen die Fußgänger leichtfüßig davonspringen, wenn es eng wird.

Ich lerne ein Land kennen, wo immer und überall Menschen sind. Alles ist zu voll. Auch wenn die Menschen nach meiner Wahrnehmung stets freundlich und sehr neugierig sind, ich fühle mich bedrängt. Lärm, Hektik und niemals Entspannung im Gewimmel. Doch habe ich nicht das Gefühl, diese Menschen würden ständig über ihre Armut nachdenken. Das Leben, so scheint es oberflächlich, ist, wie es ist, man hat sich damit arrangiert. Doch in meinem Traum drängt sich wieder unsere Fahrt in ein kleines Dorf in den Vordergrund, das im Jahr 2009 durch den Zyklon „Aila" fast vollständig zerstört wurde. Es befindet sich ganz im Süden des Landes, umgeben von den ausgedehnten Mangrovenwäldern, den Sundarbans, was aus dem Bengalischen übersetzt so viel heißt wie „schöner Wald".

Ich komme drei Jahre nach „Aila" in das Dorf, doch in einigen Ecken sieht es ein bisschen so aus, als wäre der Wirbelsturm gerade gestern durchgezogen. In meinem Traum höre ich noch einmal, wie die Menschen mir erzählen, dass die Felder, auf denen sie für ein bescheidenes Einkommen Ackerbau betrieben haben, vom Salzwasser überflutet wurden und seither keinen Ertrag mehr abwerfen. Viele Dorfbewohner sahen für sich keine Perspektive mehr und wollten den Ort verlassen – sie wären dann quasi Wetter- oder

Zyklonflüchtlinge geworden. Doch wo soll man hin in einem Land, das so voll ist, dass man kein freies Plätzchen mehr findet? Immer und überall ist schon jemand da.

Mein Traum verbindet das tagsüber in Tuvalu Erlebte mit dieser Reise sechs Jahre zuvor: „Die Menschen haben manchmal gar nicht die Möglichkeit der freien Entscheidung wegzugehen", dröhnt es in meinem Kopf. Und plötzlich kommt der Bilderwirbel eines Treffens mit den Frauen aus dem Dorf hinzu. Etwa hundert von ihnen sitzen auf Decken vor uns und berichten, dass ihnen nach dem Sturm die Grundlage für ihr eh schon sehr bescheidenes Leben genommen ist. Aber sie haben auch keine andere Perspektive. Sie haben keinen Ort, an den sie flüchten können. Die einzige Chance besteht darin, dass die Männer des Dorfes in die Mangrovenwälder gehen, um dort zu fischen oder Honig zu sammeln. Eine halsbrecherische und gewagte Idee, denn hier lebt auch der bengalische Tiger und der mag nun einfach keine Eindringlinge in seinem Gebiet. Deshalb kommt es immer wieder zu tragischen Todesfällen.

Und dann der Moment, der im Traum so klar war, als säße ich wieder im Dorf. Es wird gefragt, wie viele der anwesenden Frauen bereits durch einen Tigerangriff ihren Mann verloren haben. Eine Hand erhebt sich zögernd, eine weitere folgt, dann noch eine und noch eine. Es werden immer mehr Hände. Ich kann es kaum fassen: Am Ende hat bestimmt die Hälfte der anwesenden Frauen ihre Hand erhoben.

Das war der erste Stich, doch der zweite danach war für mich der Schlimmere. Die Frauen erzählen uns, dass es einen traditionellen Glauben gibt, der ihnen die Verantwortung für dieses Unglück zuschreibt. Sie sind die Schuldigen, sie müssen Böses getan, irgendein Vergehen begangen haben, und deshalb bestraft sie der Dämonenkönig Dakkhin Rai, der in Tigergestalt auftritt. Dieser Aberglaube führt dazu, dass diese Frauen nicht nur den Verlust des Ehemannes ertragen müssen, sondern dass sie fortan gesellschaftlich geächtet sind. Die eigenen Verwandten und die Familie des Mannes ignorieren sie fortan und der Staat zahlt auch keinerlei Hilfe. Schließlich sind sie doch selbst schuld an ihrem Leid. Sich vorzustellen, was das für die wirtschaftliche Situation der Frauen bedeutet, braucht wenig Fantasie.

Die Traumbilder werden unscharf, Geschrei ist zu hören – ein kleiner Junge brüllt: „Du bist gemein!" Ich schrecke hoch, bin schweißgebadet und überlege, warum ich gemein bin. Oder war ich gar nicht gemeint? Ich verliere den Traum, behalte aber den Gedanken: „Was ist Segen und was ist Fluch von Traditionen, Glaubenssätzen und Aberglauben?" Mit welchem Maßstab aus welcher Kultur soll und kann ich das beantworten? Der beginnende Tag führt mich wieder vollständig in die Realität zurück und mit ihr kehrt auch mein Hang zur Naturwissenschaft wieder. Was kann die Frau für die Instinkte des Tigers? Nichts. Klar. Dieser Aberglaube muss schnellstens weg, denn er ist unfair oder eben „gemein", egal in welcher Kultur er aus welchem Grund entstanden sein mag.

Nach der ernüchternden Traumnacht bin ich auf der Suche nach positiven Nachrichten. Erst recherchiere ich, dass die Zentralregierung in Bangladesch damit begonnen hat, die sogenannten „Tigerwitwen" zumindest ein wenig zu entschädigen. Und ich lese, dass sich betroffene Frauen im

Land zusammentun, um sich gegenseitig Trost zu spenden und gegen dieses Denken anzukämpfen. Eine kleine Welle der Erleichterung durchfährt mich.

Mit diesem Auftrieb beginnt das Frühstück mit meinen Kollegen. Ich habe wieder Schwung und ich werde schnell zum „Erklärbärtum" genötigt über etwas, das ich Tage zuvor auch über Tuvalu gelesen hatte. Trotz vieler kursierender Untergangsszenarien zeigen jüngste Auswertungen von Satellitendaten durch neuseeländische Forscher nämlich, dass die meisten Inseln Tuvalus seit Anfang der 1970er-Jahre gar nicht geschrumpft, sondern mit knapp drei Prozent sogar minimal gewachsen sind. Die Ursache hierfür können paradoxerweise auch die Stürme sein, die möglicherweise zusätzliches Sediment an die Küste werfen. Atolle sind eben nicht nur klein, sondern sie unterliegen auch ständig dynamischen Veränderungen. Möglicherweise ist auch das Wachstum der Korallen, die ja die Basis der Atolle sind, sogar in der Lage, entsprechend dem Meeresspiegelanstieg mitzuhalten, das sagen jedenfalls einige Forscher. Ich finde das spannend und sehe Hoffnung. Euphorisch werde ich trotzdem nicht, denn Korallen wachsen nur dann gut, wenn sich der Ozean nicht zu sehr erwärmt und er nicht zu sauer wird.

*Die Welt ist komplex*, denke ich wieder, doch dann wird sie plötzlich einfach: Ich schaue auf die Uhr; für die Rückreise muss ich nun zum Flughafen aufbrechen. Die Landepiste auf der Hauptinsel Funafuti wird bereits von Polizei und Feuerwehr von allerlei Gegenständen befreit, die sich unter der Woche so angesammelt haben. Das muss nun alles weg, denn es ist Dienstag, der Tag, an dem das Flugzeug kommt."

# AUSGERECHNET UGANDA:
# FLÜCHTLINGSPOLITIK
# MAL ANDERS

Die beiden Freunde stehen schweigend am Feuer. Jeder hängt für einige Momente seinen Gedanken nach. Irgendwann löst Waffenschmidt das Schweigen auf. „Das Beispiel mit dem hastigen Umzug raus aus Berlin, rein in den Norden Russlands, veranschaulicht sehr schön, wie abstrakt und unpersönlich wir vielfach mit Themen wie Migration und Flucht umgehen. Und auch, wie wenig wir wirklich über unseren Tellerrand schauen und wie viele Klischees noch immer kursieren. Weißt du, mein Lieber, welches Land weltweit mit die fortschrittlichste Flüchtlingspolitik betreibt? Das ist nicht Schweden oder Neuseeland oder Kanada. Nein. Es ist Uganda. Halb

**Weißt du, mein Lieber, welches Land weltweit mit die fortschrittlichste Flüchtlingspolitik betreibt? Das ist nicht Schweden oder Neuseeland oder Kanada. Nein. Es ist Uganda. Halb so viele Einwohner wie Deutschland, flächenmäßig etwa um ein Drittel kleiner und eines der ärmsten Länder der Welt.**

so viele Einwohner wie Deutschland, flächenmäßig etwa um ein Drittel kleiner und eines der ärmsten Länder der Welt. Dazu ein autoritäres Regime, die Folgen eines rund zwanzig Jahre dauernden Bürgerkriegs, Misswirtschaft, Korruption. Und trotz all dieser verrückten Bedingungen geht man an vielen Stellen auf vorbildliche Art mit den Geflüchteten um."

Die beiden Männer beginnen aufgrund der Kälte, langsam um das kleiner werdende Feuer zu gehen. Wärmen tut es nicht mehr. Also in Bewegung bleiben. Außerdem fließen die Gedanken anders, wenn man beim Reden geht, meint der Entwicklungshelfer. Schnee knirscht unter ihren Füßen. Die Glut des Feuers leuchtet ihre Gesichter schwach an. Das sieht gemütlich und ein wenig feierlich aus, ändert aber nichts an der beißenden Kälte.

„In den letzten Jahren hat Uganda deutlich mehr als eine Millionen Geflüchtete aufgenommen. Hauptsächlich aus den Nachbarstaaten Südsudan und der Demokratischen Republik Kongo. Das ist mehr als jedes andere Land auf dem afrikanischen Kontinent", sagt Waffenschmidt. „Und ungefähr auf dem Niveau der Zahlen Deutschlands von 2015 und 2016. Das hat dort im Land eine lange Tradition. Bereits in den 1960er-Jahren zeigte sich die ugandische Führung offen für den Zuzug von Geflüchteten und stellte ihnen in schwach besiedelten Gegenden großzügig Land zur Verfügung, das sie selbstständig bewirtschaften konnten. Also, man steckte sie nicht in die üblichen Auffanglager, die man aus anderen Ländern kennt. Im Gegenteil. Die Geflüchteten bekommen das Recht auf Arbeit und auf Freizügigkeit. Sie werden als wirtschaftliche Akteure angesehen, die sich nicht nur selbst versorgen können, sondern mittelfristig auch ihren Anteil zur Gesamtwirtschaft des Landes beisteuern.

Diese Großzügigkeit bei der Aufnahme hat ihre Wurzeln in der eigenen Geschichte des Landes. In Zeiten der Schreckensherrschaft von Idi Amin sind Hunderttausende Menschen aus Uganda über die Grenzen geflohen und haben beispielsweise im damaligen Sudan Zuflucht gefunden. Jetzt geht es den Menschen aus dem heutigen Südsudan schlecht, sie fliehen und Uganda „revanchiert" sich auf humane und freundliche Art und Weise. In vielen Gesprächen vor Ort haben mir die Einwohner immer wieder erzählt, dass sie aus menschlicher Solidarität etwas zurückgeben wollen und, nicht ganz uneigennützig, auch immer im Kopf haben, dass sie in dieser wackeligen Region der Welt auch selbst wieder zu Flüchtlingen werden können und dann auf die Unterstützung und Gastfreundschaft von denen angewiesen sein könnten, denen sie jetzt helfen."

„Aber dieses Beispiel lässt sich sicherlich nicht einfach auf andere Länder und schon gar nicht auf ein dicht besiedeltes Deutschland übertragen", entgegnet Sven Plöger.

Sein subtil übertriebener Tonfall zeigt, dass diese Argumentation nicht zwingend seine eigene ist. Er spielt jetzt einfach mal den *Advocatus Diaboli* und bringt die wahrscheinlichsten Einwände, um Waffenschmidt aus der Reserve zu locken. Wenn man sich in so vielen Punkten einig ist, muss man auch mal auf solche Mittel zurückgreifen, um mehr Kontrast ins Gespräch zu bekommen. Macht doch sonst keinen Spaß, das ständige „Stimmt, du hast Recht, sehe ich genauso".

„Wir haben zwar noch ein paar dünn besiedelte Landschaften, aber wir können es aus den verschiedensten Gründen nicht wie in Uganda machen. Deutschland ist ja kein Agrarstaat. Wir leben in einer hoch technologisierten, sehr ausdifferenzierten Gesellschaft. Flächendeckende Selbstversorgung fällt da schwer. Ganz zu schweigen von den unzähligen EU-Agrar-Richtlinien, Landwirtschaftsgesetzen und Naturschutzverordnungen. Aus bürokratischer Sicht: alles kaum umsetzbar."

„Also, ohne den Ackerverwendungs-Antrag 38A in dreifacher Ausführung, eine verpflichtende Dokumentation über ausgebrachtes Saatgut und den IHK-zertifizierten Nachweis zur Befähigung, einen Spaten arbeitsschutzkonform bedienen zu können, wird das natürlich alles nichts werden. Ist schon klar. Da sehe ich schwarz", sagt Waffenschmidt herzlich lachend.

„Aber jetzt mal ernsthaft. Natürlich lässt sich das Vorgehen von Uganda nicht eins zu eins auf uns in Deutschland übertragen. Ich finde dieses Beispiel trotzdem sehr wichtig. Und richtig! Denn erstens ist die Haltung hinter der Politik Ugandas löblich. Dort werden die Geflüchteten als Bereicherung und Chance für das Land gesehen. Auch und ganz besonders als ökonomischer Faktor. Hier bei uns diskutieren wir stattdessen vor allen Dingen darüber, was die Aufnahme von Geflüchteten kostet und wie stark unser Sozialsystem dadurch belastet wird. Kaum jemand rechnet einmal gegen, welche positiven Effekte der Zuzug für unser Wirtschaftssystem bringt. Zweitens zeigt dieses Beispiel, dass wir viele blinde Flecken haben und es uns oft wenig interessiert, was in den vielen Ländern des globalen Südens passiert. Das wirkt oft überheblich. „Was soll dort schon Gutes geschehen? Da gibt es doch nur Hunger, Krieg, Korruption, Elend." So ist ja meist unsere wenig differenzierte Wahrnehmung. Und drittens ist Uganda diesbezüglich wirklich eines der positiven Beispiele, die wir sammeln wollten.

**Ja! Es gibt Länder, die kommen gut mit der Herausforderung klar, eine Menge Geflüchtete aufzunehmen. Die schaffen das Bessermachen! Die schaffen es, Menschen willkommen zu heißen, sie zu integrieren und ihnen einen Platz in der Mehrheitsgesellschaft anzubieten. Und das auch noch so, dass alle Beteiligten davon profitieren.**

Die Stimme des *World Vision*-Chefs ist lebendig und klar. Seine Hände sind in Bewegung, als wollten sie jedes Wort, jeden Satz noch einmal unterstreichen. Man merkt: Ihm ist diese Sache wichtig. Er glaubt daran. Er brennt dafür. Ganz im Gegensatz zum Lagerfeuer, von dem nur noch ein kleiner Haufen Glut geblieben ist. Also beschließen die Männer, den Weg zurück in den Meetingraum anzutreten. Doch: *safety first!* Ein paar Handvoll Schnee löschen die glimmenden Reste in der Feuerschale. Wieder knirscht es unter den Schuhen.

Plöger erklärt kurz, warum das so ist, was da eigentlich ganz genau dieses Geräusch macht: „Du hörst jetzt gerade Abermillionen von eisigen Verbindungen der vielen, vielen Schneekristalle zerbrechen, wenn du auf den Schnee trittst. Bei mir ist das natürlich leiser, weil ich ja leicht bin

wie eine Feder!" Der 1,90-Meter-Mann Plöger freut sich die-
bisch über die völlig unpassende Beschreibung seiner selbst.
„Die Schneekristalle sind ja sechseckig und sehen alle ein
bisschen verschieden aus. Liegen sie nun wild gestapelt auf
dem Boden – wir nennen das Schneedecke –, dann sind sie
alle ordentlich verkantet. Wenn es eiskalt ist, bricht die feste
Struktur sofort durch, wenn man zutritt, und obendrein ent-
weicht auch noch die dazwischen befindliche Luft – das klassische Geräusch entsteht. Wird es wärmer, so können sich
die Kristalle besser gegeneinander bewegen oder schmelzen einfach dahin, dann hört man kaum noch etwas oder
gar nichts. Mit dem locker platzierten Satz: ‚Kalter Schnee ist
lauter' kann du also immer punkten, Christoph!"

Der so Angesprochene ist gebührend fasziniert, betrachtet aufmerksam den Schnee, landet dann gedanklich aber
doch wieder auf dem afrikanischen Kontinent.

„Ein Schlüssel für den Erfolg der Flüchtlingsaufnahme in
Uganda liegt im Siebzig-zu-dreißig-Prinzip. Alle Investitionen und jegliche finanzielle Hilfe, egal ob von staatlicher
Seite, von den Vereinten Nationen oder Organisationen der
Zivilgesellschaft wie zum Beispiel *World Vision*, gehen zu
siebzig Prozent in die Unterstützung der geflüchteten Menschen und zu dreißig Prozent an die lokale Bevölkerung. So
haben wir beispielsweise Betreuungszentren für die geflüchteten Kinder errichtet und betreiben sie oder sind an
zahlreichen Stellen für die Nahrungsmittelversorgung für
gerade angekommene Menschen verantwortlich. Zugleich
haben wir aber auch eine Trinkwasseranlage für das be-
nachbarte Dorf gebaut. Der Siebzig-zu-dreißig-Schlüssel ist

aus meiner Sicht eines der entscheidenden Kriterien für die Aufnahmebereitschaft und somit ein echter Ermöglicher von gelebter humanitärer Hilfe.

Allerdings muss man sagen, dass Ugandas Vorgehen seine Grenzen hat. Aktuelle Beobachtungen zeigen, dass das Land zunehmend an seine Kapazitätsgrenzen stößt. Das System funktioniert, weil es ausreichend unbesiedeltes Land gab. Diese Ressource ist aber begrenzt und endlich. Wenn es kein Land mehr zu verteilen gibt, wird sich etwas ändern müssen. Und es scheint so zu sein, dass dieser Punkt schon bald erreicht sein wird. Wurde den Geflüchteten zum Beispiel früher in der Flüchtlingssiedlung Nakivale noch eine Fläche von fünfzig mal fünfzig Metern zur Verfügung gestellt, sind es für neu ankommende Menschen nur noch zwanzig mal dreißig Meter. Ich selbst kenne das Beispiel aus Bidibidi, wo die Geflüchteten dreißig mal dreißig Meter bekommen. Das reicht kaum zur Selbstversorgung, schon gar nicht, um von den Erträgen noch etwas zu verkaufen. Trotzdem wird der Platz knapp und die Siedlung dehnt sich immer weiter in das Umland aus. Das führt zu Spannungen zwischen der ursprünglich dort lebenden Bevölkerung und den Neuankömmlingen. Du siehst, mein Lieber, auch die großzügigsten Länder müssen in unserer sich ständig verändernden Welt immer wieder neue Strategien entwickeln, wie man dauerhaft und nachhaltig mit der Herausforderung von Fluchtbewegungen umgehen kann."

**Der Siebzig-zu-dreißig-Schlüssel ist aus meiner Sicht eines der entscheidenden Kriterien für die Aufnahmebereitschaft und somit ein echter Ermöglicher von gelebter humanitärer Hilfe.**

# INNOCENT ODER:
# BOTSCHAFTER FÜR
# DIE HOFFNUNG

Inzwischen haben Waffenschmidt und Plöger das Gebäude wieder erreicht, stehen im Eingang des Büros und genießen die wohltuende Wärme. Hände werden gerieben, man seufzt sich die Kälte aus den Gliedern und freut sich auf ein schönes Glas Wein auf dem Sitzsack. Natürlich wird die Treppe genommen, das hält fit und macht warm.

Ein paar Minuten später sitzen die beiden wieder in vertrauter Atmosphäre. Erneut wird angestoßen. Jeder greift sich eine Süßigkeit und ruckelt sich dann in seinem Sitzsack zurecht.

Das Thema Uganda lässt Waffenschmidt nicht los. „Irgendwie ist es ja irre. Jetzt nimmt Uganda Flüchtlinge auf und vor wenigen Jahren sind noch zahlreiche Menschen aus dem Norden des Landes selbst vor den Folgen des Bürgerkriegs und den brutalen Schergen der *Lord's Resistance Army*, kurz LRA, geflohen."

**Infobox LRA**

*Die Lord's Resistance Army ist eine paramilitärische Widerstandsgruppe, die 1987 im Norden Ugandas von Joseph Kony gegründet wurde. Ziel der LRA ist ein „auf den Zehn Geboten beruhender Gottesstaat" in der Grenzregion zwischen der Zentralafrikanischen Republik, der Demokratischen Republik Kongo und dem Südsudan. Der LRA werden unzählige Menschenrechtsverletzungen wie Plünderungen, Folter, systematische Vergewaltigungen, die Entführung von Kindern sowie die Ausbildung von Kindersoldaten vorgeworfen.*

*Im Jahr 2015 stellte sich ein führender Kommandant der LRA, Dominic Ongwen, den Behörden. Im Februar 2021 wurde er vom Internationalen Strafgerichtshof in Den Haag wegen Kriegsverbrechen und Verbrechen gegen die Menschlichkeit in 61 Fällen verurteilt. Der zum Zeitpunkt des Urteils 45-jährige Ongwen wurde selbst im Alter von 14 Jahren entführt, gefoltert und als Kindersoldat ausgebildet.*

*Die LRA soll für rund 100.000 Tote verantwortlich sein und zwischen 60.000 und 100.000 Kinder entführt haben. Nachdem sich mehrere Länder zu einer* Regional Cooperation Initiative for the Elimination of the Lord's Resistance Army *zusammengeschlossen haben, gilt die LRA als deutlich geschwächt und*

*wird von der Führung Ugandas nicht mehr als Ge-*
*fahr eingestuft. Trotz eines zeitweise ausgesetzten*
*Kopfgeldes von 5 Millionen Dollar konnte LRA-Füh-*
*rer Joseph Kony bisher nicht gefasst werden. Sein*
*Aufenthaltsort wird in der Grenzregion zwischen*
*Sudan und Südsudan vermutet.*

Waffenschmidt lehnt sich zurück, verschränkt die Arme hinter dem Kopf. „Aber es gibt auch in diesem Zusammenhang schöne Beispiele, die zeigen, dass unsere Arbeit mit *World Vision* wichtig ist und auch ihre Früchte trägt. Einer unserer Botschafter, Innocent Opwonya, hat genau diese Schrecken der LRA miterleben müssen. Als Kind wurde er von den Rebellen verschleppt, misshandelt und an der Waffe ausgebildet. Sein Vater wurde erschossen. Ein erster Fluchtversuch scheiterte, der zweite war erfolgreich. Ugandische Regierungssoldaten fanden ihn und brachten ihn in ein Zentrum von *World Vision* für kriegstraumatisierte Kinder. Das war im Jahr 2000 und Innocent muss so zehn oder elf Jahre alt gewesen sein. Dank der Unterstützung konnte er seine Traumata verarbeiten, eine richtig gute Schulausbildung machen und bekam schließlich sogar ein Stipendium für ein Wirtschaftsstudium in Deutschland. Heute ist er dreißig, verheiratet und lebt in Köln. Nach Abschluss seines Studiums hat er erst ein Praktikum bei *World Vision* absolviert, ist vor kurzem in unser Trainee-Programm gewechselt, weil er selbst die internationale Entwicklungsarbeit mitgestalten möchte. Und setzt sich gerade gegen sexualisierte Gewalt gegen Kinder und insbesondere Mädchen in Konfliktregionen ein.

Diese Geschichte macht mich wirklich sehr glücklich, weil ich an Innocent sehe, dass das, was wir tun, nachhaltig etwas besser macht. Aussagen wie „Wir müssen ehemaligen Kindersoldaten helfen!" sind schnell geäußert. Aber Innocents Geschichte macht greifbar, wie aus einer elendigen Lebenssituation richtig was erwachsen kann. Klar ist Innocent nur einer von sehr vielen, aber für ihn bedeutet diese Veränderung die ganze Welt. Und sein Beispiel kann auch anderen wieder Hoffnung geben und deutlich machen, dass es Hilfsangebote und Wege zu einem Neuanfang gibt. So ist das ja mit vielen unserer Beispiele, die wir für dieses Buch sammeln: Sie sind oft nicht der eine große Wurf, der ein Problem schnell und vollumfänglich aus der Welt schafft – aber sie sind ein Anfang, ein Trampelpfad, der zu einem richtigen Weg werden kann, wenn andere sich den Vorausgehenden anschließen."

Einige Sekunden lang schaut Waffenschmidt auf die Dunkelheit hinter dem Fenster, wo die beiden Freunde gerade noch am Feuer gestanden haben. Er kramt offensichtlich eine weitere Erinnerung aus irgendeiner Schublade in seinem Kopf hervor. Eine von jenen Schubladen, die man nicht so gern und nicht so häufig öffnet.

„Ein weiteres Erlebnis, das mich nachhaltig berührt hat, hat hingegen nichts mit Kindersoldaten, sondern mit Menschenopfern zu tun. Obwohl rund 85 Prozent der Einwohner Ugandas Christen sind und 14 Prozent Muslime, sind auch alte Stammestraditionen nach wie vor sehr verbreitet. Viele Ugander gehen bei Krankheiten und Problemen nicht zum Arzt, sondern wenden sich an einen der unzähligen Heiler, die es im Land noch immer gibt. Die allermeisten von ihnen nutzen altes Wissen um Heilkräuter, aktivieren durch Rituale die Selbstheilungskräfte des Körpers und helfen damit auch wirklich bis zu einem gewissen Grad. Das sollten wir von außen auch gar nicht negativ bewerten. Da gibt es Wege jenseits unserer Schulmedizin, die sicherlich auch zum Erfolg führen. Aber unter den Heilern gibt es wie überall sonst auch schwarze Schafe. Sie arbeiten mit Menschenopfern beziehungsweise mit der Opferung von menschlichen Körperteilen. Dahinter steckt der uralte Glaube, dass sich die Kraft der geopferten Körperteile direkt oder indirekt auf das Leben desjenigen auswirkt, der das Opfer vornimmt. Eine geopferte Zunge lässt beispielsweise Feinde verstummen, das Opfern von Genitalien hilft bei Impotenz, Herz oder Blut stehen für Kraft, so etwa wird das kolportiert."

Sven Plöger bleibt das Schoko-Bonbon fast im Hals stecken. Hin und wieder schüttelt er langsam den Kopf. In seinem Gesicht lässt sich erkennen, dass er kaum glauben kann, was er hier hört.

„Auf einer Reise nach Uganda lernte ich einen anderen Jungen kennen: Robert. Ein kleiner Kerl noch, vielleicht fünf oder sechs Jahre alt. Er steht leider stellvertretend für eine Vielzahl von Opfern solcher Rituale. Tragisch ist, dass es vor allen Dingen Kinder trifft. Nicht nur, weil solcherlei Rituale nach irgendeiner verqueren spirituellen Überlieferung zwingend Kinder benötigen, sondern einfach, weil Kinder als schwächste Glieder in der Gesellschaft leichte Opfer sind. Sie wehren sich nicht. Als ich Robert kennenlernte, konnte er sich nur sehr langsam und mithilfe einer Betreuerin fortbewegen. Quasi in letzter Sekunde war er vor dem Tod gerettet worden. Seine Schänder hatten gerade begonnen, ihm den Kopf abzuschneiden, als seine Retter kamen und ihn befreiten. Einige Nerven waren aber bereits durchtrennt worden, was zu Lähmungen und Unbeweglichkeiten geführt hat. Mehrere Operationen und ein regelmäßiges Reha-Training haben ihm geholfen, überhaupt wieder gehen zu können, allerdings wird seine komplette Beweglichkeit nie wiederhergestellt werden können. Nun lebt er mit und unter dem Schutz der Gemeinde, die sich gegen diesen furchtbaren Missbrauch von Kindern stellt."

„Da ist wieder genau das, was wir vorhin besprochen haben", sagt Plöger sichtlich schockiert von Waffenschmidts Erzählungen. „Sobald solche Geschichten ein Gesicht bekommen, werden sie greif- und erfahrbar. Deswegen sind Botschafter wie Innocent so wichtig. Da steht einer, der den Schrecken selbst erlebt hat, dem geholfen wurde und der nun ein Leben führt, das er sich in seiner Kindheit niemals hätte vorstellen können. Dass sich so ein Kreis sogar wieder schließt und er Botschafter genau der Organisation wird, die ihm zwanzig Jahre zuvor wahrscheinlich

**Sobald solche Geschichten ein Gesicht bekommen, werden sie greif- und erfahrbar. Deswegen sind Botschafter wie Innocent so wichtig. Da steht einer, der Schrecken selbst erlebt hat, dem geholfen wurde und der nun ein Leben führt, das er sich in seiner Kindheit niemals hätte vorstellen können.**

das Leben gerettet hat, ist natürlich ein großes Glück. Für ihn, für euch als Hilfsorganisation, aber auch für alle anderen."

„Ja, solche Botschafter sind Gold wert. Was mir allerdings auffällt, auch in unserem Gespräch hier gerade: Wir reden sehr viel über den afrikanischen Kontinent. Und haben dabei weiterhin die klassischen Bilder im Kopf: Kindersoldaten, Hungersnöte, Desertifikation. Alles richtig, alles große Baustellen. Aber wir müssen und wollen ja auch den positiven Wandel in unseren Blick nehmen. Schon allein aus Gründen der globalen Gleichberechtigung. Und weil es diese positiven und völlig überraschenden Beispiele ja auch gibt.

Und Botschafter ist da ein gutes Stichwort, denn unsere Arbeit verläuft auch in die andere Richtung hervorragend über Botschafter. In den meisten Ländern des globalen Südens ist die Religion sehr viel stärker in den Alltag der Menschen eingebunden. Je nachdem, in welches Land oder in welche Region man schaut, ist mal das Christentum weiter verbreitet, mal ist der Islam vorherrschend. In Uganda gehören ungefähr 85 % der Bevölkerung einer christlichen Kirche an. Der traditionelle, regionale Glaube an Geisterwesen und seine uralten archaischen Gedankenmuster sind trotzdem sehr verbreitet, wie man an dem Beispiel mit den Kinderopfern ja leider sieht. Kennt man auch aus anderen Regionen. Auf Haiti gibt es viele Christen, mehr Katholiken als Protestanten, zusammen rund 80% der Bevölkerung. Und nahezu alle glauben in irgendeiner Form auch an Voodoo. Das geschieht vielfach ganz selbstverständlich und die Gläubigen kriegen das auch problemlos unter einen Hut.

Aber zurück zum Thema stärkere Einbindung der Religion im Alltag. Religiöse Würdenträger und Leitungskräfte haben dort eine starke gesellschaftliche Position, sie sind echte Autoritäten, auf die gehört wird. Was sie sagen, hat Gewicht, ihnen wird vertraut. Wenn du also in kurzer Zeit viele Menschen erreichen möchtest, sind diese Persönlichkeiten, die Priester, Imame, Prediger, echte Botschafter. Kannst du diese Autoritäten für eine Sache gewinnen, dann besteht eine große Chance, dass du weite Teile der Bevölkerung ebenfalls gewinnst.

Bei *World Vision* arbeiten wir seit bestimmt zehn Jahren mit einem Programm, das wir *Channels of Hope* nennen. Bei diesen „Wegen der Hoffnung" schulen wir die religiösen Leiter in Workshops, um Verbesserungen zu erzielen. Seinen Ursprung hat das Ganze in Südafrika. Um etwas gegen die immens steigenden Zahlen an HIV-Infektionen zu tun, beschlossen wir, die Geistlichen mit ins Boot zu holen und ihnen zu zeigen, wie sich die Menschen vor einer Ansteckung mit dem Virus schützen können. Und sie tragen dieses Wissen dann in ihre Gemeinden und Wirkungskreise. Ein Weg, den wir bei einer befreundeten anderen Hilfsorganisation gelernt haben.

Ähnlich machten wir es bei dem großen Ebola-Ausbruch in Westafrika. Dort war es schrecklicherweise so, dass sich Menschen reihenweise bei den Bestattungen mit der tödlichen Krankheit infizierten. Einfach, weil es in ihrer Tradition üblich ist, die Verstorbenen vor dem Begräbnis noch zu berühren. Aber die Toten waren leider weiterhin hochinfektiös. So wurden dann in den besagten Workshops alternative Bestattungsformate entwickelt, mit minimiertem Ansteckungsrisiko. Diese notwendige Veränderung der Tradition hätte sich aber nie und nimmer in der Bevölkerung durchgesetzt, wenn wir nicht die Geistlichen auf unserer Seite gehabt hätten. Das waren wichtige Multiplikatoren. Instanzen, deren Ratschläge von der Bevölkerung auf eine Art und Weise angenommen wurden, die du als Außenstehender gar nicht erreichen kannst. Und ganz aktuell konnten wir mithilfe dieses Projekts auch viele Menschen über die nötigen Schutzmaßnahmen bezüglich des Coronavirus informieren."

„Das ist bestimmt ein langer Weg, bevor man erste Ergebnisse sieht", wirft Plöger ein. „Oder werdet ihr da immer direkt mit offenen Armen empfangen?"

„Es geht besser, als man vermuten könnte. Aber das liegt auch daran, dass wir vielfach seit Jahren vor Ort tätig sind, mit lokalen Mitarbeitern. Man kennt unsere Arbeit, weiß, dass wir wirklich langfristig und nachhaltig helfen wollen. Und es gibt ein großes Vertrauen, weil wir konstant Beziehungsarbeit leisten und unseren Partnern absolut auf Augenhöhe begegnen. Ich kenne es auch gar nicht anders und so ein paar Jahre mache ich den Job bei *World Vision* ja auch schon.

---

**In früheren Zeiten wurden in der Entwicklungshilfe sicherlich auch viele Fehler gemacht. Da kam die Hilfe von außen, es wurden beispielsweise ein paar Brunnen gebaut und dann waren die Helfenden auch wieder weg. Aber das ist wirklich schon sehr lange her. Bereits**

in den 1980er-Jahren kam man ja auf den richtigen Gedanken, dass ‚Hilfe zur Selbsthilfe‘ ein ziemlich gutes Konzept ist. Weil es eben langfristig und nachhaltig wirkt.

---

Ein weiterer Effekt der *Channels of Hope* – wobei mir das fast ein bisschen zu sehr nach „Nebeneffekt" klingt, lass es uns lieber „eine weitere Ebene" nennen – also, eine weitere Ebene unserer Arbeit, ist die Förderung des interreligiösen Dialogs. Der ist heute wichtiger denn je. Bei den Workshops treffen Geistliche unterschiedlicher Glaubensrichtungen aufeinander, sie kommen in Kontakt und finden zueinander. Das ist auch deshalb toll, weil viele Konflikte auf dieser Welt ihren Ursprung in der Religion haben. Durch unsere Arbeit kommen wir ein Stückchen näher an das ran, was Religionen eigentlich sind: Friedensstifter und humanitäres Wertesystem."

# RELIGION: ZWEI SEITEN EINER KOMPLIZIERTEN MÜNZE

„Wenn ich dir so zuhöre, lieber Christoph, dann gehe ich beim letzten Satz mit. Wenn ich aber länger ohne dich unterwegs bin, dann kommt für mich als jemand, der im Alltag sehr viel weniger Berührungspunkte mit der Religion hat, manchmal schon der Gedanke, was eigentlich überwiegt – das Friedensstiftende oder der Wettstreit der Religionen untereinander um den ‚richtigen' Glauben, was auch immer das sein soll? Die Menschheitsgeschichte ist ja doch durchzogen von Kriegen höchster Grausamkeit, nur weil die einen an etwas anderes glauben als die anderen. Als Naturwissenschaftler tue ich mich einfach sehr schwer damit. Wie will man argumentieren? Was ist die Basis? Und können Glaube oder Spiritualität trotzdem dabei helfen, die Welt besser zu machen?"

Waffenschmidt überlegt kurz, fixiert wieder einen Punkt an der Wand. Ganz so, als würde dort die passende Antwort auf Plögers Frage stehen. „Ich bin ja kein Theologe oder Soziologe und kann deshalb nur für mich sprechen. Ich komme aus einem sehr christlichen Elternhaus. Der Glaube war immer sehr wichtig und gehörte ganz selbstverständlich dazu. Aber nicht als strenges Moralkorsett, wie es ja vielen Leuten vorkommt, sondern als große Überzeugung und Prägung durch die Lehren von Jesus – dass Liebe das Wichtigste ist, dass wir miteinander gut umgehen sollen, dass alle Menschen gleichermaßen unendlich wertvoll sind. Das hat sich bis heute nicht geändert. Ich schöpfe aus meinem Glauben Kraft und auch Orientierung. Die Bibel ist da ein guter Begleiter, auch für meine Arbeit, denn darin bekommen wir Menschen von Gott ganz klar den Auftrag, unsere Schöpfung zu bewahren und Verantwortung für diese Welt und unsere Mitmenschen zu übernehmen. Das ist auf jeden Fall mein Antrieb. Aber du hast natürlich recht, dass genau dieselbe Bibel von anderen Leuten auch ganz anders verstanden und als Waffe und Zwangsmittel missbraucht worden ist. Oder sogar noch wird. Das finde ich wirklich tragisch, weil es für mich so eindeutig an der eigentlichen Botschaft vorbeigeht."

Er hält kurz inne, dann fällt ihm etwas ein: „Hast du schon mal von der Gerechtigkeitsbibel gehört? Eine Bibel in normaler Übersetzung, bei der aber all die Verse farblich markiert sind, in denen von Gerechtigkeit oder Einsatz für die Armen die Rede ist. Über 3.000 Markierungen gibt es. Die Sache scheint Gott also echt wichtig zu sein. Für mich eine echte Motivation für unsere und meine Arbeit und vor allem ein Quell der Inspiration. Aber die Bibel zeigt auch mit der Sintflut-Geschichte, was passieren kann, wenn wir diesen Auftrag nicht wahrnehmen, die Schöpfung nicht achten und sie mit Füßen treten."

„Sintflutgeschichten sind auch wissenschaftlich sehr spannend", fällt Plöger ein. „Fast jede Religion kennt sie – das könnte möglicherweise mit klimatischen Instabilitäten als Nachwehen der Eiszeit und einem damaligen dramatischen Meeresspiegelanstieg zusammenhängen. Ein bisschen wie es uns heute durch den Klimawandel wieder droht. Da hast du also etwas mit einer fast schon unheimlichen Aktualität angesprochen!"

„Ach! Das ist ja'n Ding. Und zeigt vielleicht, dass die Menschheit dieses Problem sehr bewusst „bearbeitet", weil wir es eben immer schon kennen. Unsere Welt ist heute nicht gerecht und sie war es auch niemals. Wir stehen im ständigen Konflikt zwischen Wunsch und Wirklichkeit. Jesus spricht im Neuen Testament davon, dass wir die Wahrheit erkennen, wenn wir uns an seinen Worten ausrichten, und dass die Wahrheit uns frei machen wird. Ich finde das unglaublich stark, richtig große Worte, die mich schon lange begleiten. Jetzt mal losgelöst von der persönlichen Glaubensüberzeugung. Die Wahrheit wird uns frei machen. Das passt auf so viele Situationen und kann viel Kraft entfalten. Auch unser Gespräch bekommt unter diesem Satz eine ganz andere, neue Bedeutungsebene. Wir wissen um so viele Fakten und Entwicklungen auf diesem Planeten. Ja, es passieren sehr viele schlimme Dinge und große Ungerechtigkeit, das ist wahr. Eine

**Ja, es passieren sehr viele schlimme Dinge und große Ungerechtigkeit, das ist wahr. Eine andere Wahrheit gibt es aber eben auch: Vieles verändert sich auch zum Positiven. Vieles ist besser als vor hundert oder auch noch vor zehn Jahren.**

andere Wahrheit gibt es aber eben auch: Vieles verändert sich auch zum Positiven. Vieles ist besser als vor hundert oder auch noch vor zehn Jahren. Die Menschheit ist zu unglaublichen Anpassungen, Veränderungen und Leistungen fähig. Es ist noch nicht zu spät. Wir können etwas tun. Wenn wir diese Wahrheit auch an uns ranlassen, befreit sie uns zum Handeln, wir können mit diesem Wissen nach Lösungen suchen. Jenseits von Tellerrändern und Klischees. Frei im Denken.

Und weil das jetzt wirklich gut passt, würde ich dir gerne ein Beispiel für solch eine Freiheit des Geistes geben. Oder – etwas weniger poetisch formuliert – von ein paar Menschen erzählen, die frei genug waren, um über den Tellerrand zu schauen."

# VORBILDER IN AFRIKA: WARUM KLEINE IDEEN MANCHMAL BESSER SIND ALS GROSSE

„In den afrikanischen Megacitys gibt es eine gut ausgebildete, junge und digital-affine Schicht von Menschen, aus der heraus ganz viele kreative Ideen durch Startups umgesetzt werden. Ein kleines, aber feines Beispiel fällt mir aus Kenia ein. Dort haben vor ein paar Jahren die beiden US-Amerikanerinnen Caitlin Dolkart und Maria Rabinovich das Startup *flare* gegründet. Das ist im Prinzip so etwas wie *Uber* für Krankenwagen. Der Hintergrund war, dass es in der Millionen-Stadt Nairobi keine einheitliche Notrufnummer gab, die auch nur halbwegs funktionierte. Es gibt eine staatliche Nummer, aber da geht selten einer ans Telefon. Es gibt zahlreiche private Gesundheitsdienste mit Ambulanzfahrzeugen, aber die werden nicht zentral koordiniert. Und es gibt die Polizei. Wenn man da anruft, passiert aber nicht viel mehr, als dass sich ein Polizist ans Telefon setzt und die staatliche Notrufnummer wählt – wo halt keiner rangeht.

Aus reinem Pragmatismus setzen sich viele akut Kranke also einfach in ein Taxi und fahren in die Notaufnahme. Taxis sind an jeder Ecke verfügbar. Die Macherinnen von *flare* haben diese Lücke gefüllt und koordinieren in Echtzeit die Ambulanzfahrzeuge von verschiedenen Anbietern. Die *flare*-App weiß, wo sich der nächste freie Krankenwagen befindet und wie er ausgestattet ist. Was ursprünglich nur als App fürs Smartphone angedacht war, ist inzwischen eine Full-Service-Agentur mit Hotline und persönlichem Kontakt. Da stößt also ein privates Unternehmen vor und füllt eine Lücke, die staatliche Institutionen nicht schließen können oder wollen. Leider ist *flare* nicht kostenlos und folglich nutzen den Service nur Menschen, die es sich leisten können. Aber es ist ein wichtiger Anfang. Und ein tolles Beispiel für Innovationskraft auf dem afrikanischen Kontinent, der eine Anziehungskraft auf junge UnternehmerInnen aus dem Ausland ausübt. Und das knackt laut hörbar einige Klischees, die in unseren Köpfen herumgeistern. Aber wärst du ein Spielverderber, könntest du jetzt natürlich den Einspruch erheben, dass es zwei US-Amerikanerinnen sind, die *flare* gegründet haben. Du könntest bemängeln, dass die Idee also von außen herangetragen wurde und gar nicht originär aus Kenia stammt."

Plöger gibt sich gespielt empört und weist solcherlei Unterstellungen aufs Schärfste von sich. Nur, um anschließend nicht weniger gespielt kleinlaut zu verkünden, dass er die Vorstellung eines durch und durch afrikanischen Projektes tatsächlich außerordentlich begrüßen würde.

„Du sollst dein Beispiel bekommen, mein lieber rheinischer Landsmann. Und es ist mindestens ebenso überraschend", grinst Waffenschmidt. „Du würdest es wahrscheinlich nicht vermuten, aber auf dem afrikanischen Kontinent gibt es eine boomende eLearning-Szene mit zahlreichen privaten, kreativen Startups, die versuchen, all jene Löcher zu stopfen, die das staatliche System nicht zu stopfen vermag. Ghana, Senegal oder die Elfenbeinküste zählen zu den Marktführern auf dem gesamten Kontinent. Mein Beispiel kommt aus einem dieser Länder, dem Senegal.

Die beiden Senegalesen Massamba Thiam und Arona Gueye haben 2018 in der Hauptstadt Dakar das Startup *Afriboard Education* gegründet. Eine unabhängige Lernplattform, mit allem was dazugehört: virtuelle Klassenzimmer, Online-Tests, Foren zum Austausch für die Lernenden. Die können mit ihrem Smartphone auf die Kurse zugreifen, und da es mit der Bereitstellung des mobilen Internets nicht überall zum Besten steht – also etwa so wie bei uns –, können viele der Angebote auch offline genutzt werden. Inzwischen bieten viele Schulen und sogar einige Universitäten die Software ihren Lernenden an. Selbst die Regierung war von dem Konzept so überzeugt, dass sie *Afriboard* bei der Gründung finanziell unterstützte. Bezahlt wird der Service von den Nutzern. Aber die Gebühr ist klein und für viele Menschen machbar. In anderen Ländern gibt es ähnliche Projekte: In Kenia eine Nachhilfeplattform namens *Eneza*, ein Videoportal namens *Hitch* aus Nigeria oder die Hörbuchsoftware *AkooBooks* aus Ghana. Alles Angebote, die direkt auf die Bedürfnisse und Schwierigkeiten vor Ort angepasst sind."

„Das höre ich gern!", freut sich Plöger. „Vielleicht kommen wir später noch einmal auf die Qualitäten von weiblichen

Führungspersönlichkeiten zu sprechen, sei es in der Wirtschaft, sei es in der Politik. Aber um das Thema Afrika abzuschließen, habe ich noch ein, zwei Gedanken, die sich gut an deine letzten Ausführungen anschließen."

„Es dürfen auch drei oder vier Gedanken sein, lieber Sven. Wir sind schließlich nicht zum Spaß hier", sagt Waffenschmidt. Und hat dabei sichtlich Spaß.

---

**Dein letztes Beispiel zeigt ganz schön, dass es eben nicht immer die riesigen Projekte sein müssen, die Fortschritt bringen. Oft sind es genau solche kleinen und privat organisierten Initiativen, die eine Veränderung, eine Verbesserung schaffen. Wenn ich so drüber nachdenke – sogar im Gegenteil, insbesondere die mit viel Tamtam platzierten Großvorhaben sind nicht selten ziemliche Rohrkrepierer.**

---

Erinnerst du dich noch an das *Cargolifter*-Projekt in Brandenburg? Dort sollten gigantische Luftschiffe gebaut werden, die Lasten bis zu 160 Tonnen emissionsarm transportieren hätten können. Hätte, könnte, sollte. Nach einem fulminanten Börsengang wurde zwei Jahre später die Insolvenz angemeldet. Was blieb, ist eine 360 Meter lange und rund 100 Meter hohe Halle im südlichen Brandenburg, in der jetzt ein Spaßbad betrieben wird. Eine fast schon metaphorische Zweitnutzung. Erfreut sich aber auch großer Beliebtheit."

Plöger kämpft sich aus seinem Sitzsack, geht ein paar Schritte durch den Raum und fährt fort: „Oder all die überdimensionierten Ideen, wenn es um den Klimaschutz geht. Sagt dir das Projekt *Desertec* etwas? Der Grundgedanke war gar nicht schlecht, da kann man schnell drauf kommen: Wir wollen ja bekanntlich verstärkt auf Solarenergie setzen. Und wo gibt es Sonne im Übermaß? Richtig! In der Wüste. Und wenn man viel Solarenergie produzieren will, dann denkt man halt groß. Das Projekt sollte letztendlich eine Fläche von 500 mal 500 Kilometern in Nordafrika abdecken, die mit Solarkraftwerken bestückt werden sollten. Soweit die Theorie. Top! Die dadurch produzierte Energie hätte gereicht, um den gesamten europäischen Stromverbrauch abzudecken. Wären da nicht die physikalischen Gesetze, die dem Ganzen einen Strich durch die Rechnung machten. R gleich U durch I, also elektrischer Widerstand ist Spannung durch Stromstärke. Und Stromstärke ist ja die Ladung pro Zeit oder – wenn man es auf den Basisgedanken runterbricht –, die Anzahl der Elektronen pro Zeit. Strom fließt ja nun mal. Wer also Strom transportieren will, muss Leitungswiderstände, Leitungslänge und Leitungsquerschnitt berücksichtigen. Und je größer die Distanz ist, die es zu überbrücken gilt, desto entscheidender wirken sich solche Faktoren aus. Am Ende müssen wir Gleichstrom transportieren und dann für unser Wechselstromnetz transformieren."

„Kannst du das meiner Tochter noch mal über den Bildschirm im Homeschooling erklären?", wirft Christoph spaßeshalber ein.

Plöger nimmt den Ball sofort auf und verspricht selbstlos ein paar Online-Nachhilfestunden und ergänzt: „Ich fange bei Erklärungen zu Strom immer mit der Band AC/DC

an, das macht auch allenfalls mittelstark an Elektrodyna-
mik Interessierte oft neugierig. AC ist nämlich Wechsel-
strom (Alternating Current) und DC Gleichstrom (Direkt
Current). Und die Band heißt tatsächlich so, weil die Band-
gründer Malcolm und Angus Young auf einer Nähmaschine
ihrer Schwester diese Aufschrift sahen und cool fanden. So,
genug unnützes Wissen."

Es geht wieder zur Sache: „Aber Spaß beiseite. Die ganze
*Desertec*-Sache war von Anfang an eine Totgeburt. Der
Strom aus der Wüste hätte über Tau-
sende von Kilometern transportiert werden müssen, weil man ihn dort ja nicht
gebrauchen kann. Heraus aus oft politisch instabilen Ländern, quer durch
einen Vulkangürtel und ein Erdbebenge-
biet im Mittelmeer. Ein Leitungssystem
wäre nötig gewesen, das von niemandem
hätte bezahlt werden können. Etwas
theoretisch Hervorragendes, das aber in
der Praxis nicht umsetzbar ist – und deshalb zu gar nichts führt. Eine Lösung
sind hier deshalb dezentrale Ansätze.
Also nicht ein ganz großes, sondern viele kleine Projekte.

**Etwas theoretisch Hervorragendes, das aber in der Praxis nicht umsetzbar ist – und deshalb zu gar nichts führt. Eine Lösung sind hier deshalb dezentrale Ansätze. Also nicht ein ganz großes, sondern viele kleine Projekte.**

Solche fantasievollen Ideen tauchen halt immer wieder
auf, sie sind charmant und für Romane wirklich gut geeignet. Frank Schätzing schreibt ja auch immer solche Sachen,
die ich begeistert lese. Ist übrigens ein Rheinländer, wie wir
beide. Für unsere Probleme in der realen Welt sind diese
Ideen aber ungeeignet. Sie sind zu groß gedacht und igno-

rieren die vielen kleinen Probleme, die es nun mal einfach gibt. Ach, oder die *Great Green Wall*. Die Idee, „mal eben" einen 15 Kilometer breiten und knapp 8.000 Kilometer langen Grünstreifen quer über den afrikanischen Kontinent zu pflanzen, um damit die Ausbreitung der Wüste zu stoppen, das Klima positiv zu beeinflussen und Unmengen an $CO_2$ einzuspeichern, ist toll. In der Praxis sind aber Millionen von Setzlingen nicht angewachsen und vertrocknet. Weil die Wirklichkeit und die realen Bedingungen dieser Idee einen Strich durch die Rechnung machen. Das hat uns Tony ja auch bestätigt, wie frustriert er von solchen Projekten war. Eben weil sie nicht funktionieren."

Waffenschmidt steht auf und öffnet einmal mehr das Fenster. Die beiden einigen sich auf eine kurze Gesprächspause. Es zeigt, wie konzentriert Plöger und Waffenschmidt an die Sache herangehen. Dieser Abend soll mehr sein als eine nette Plauderei unter Freunden. Auch wenn es bereits spät am Abend ist, spuckt der Kaffeevollautomat in der Teeküche der Abteilung ratternd einen Kaffee für den Wettermann aus. Waffenschmidt hat sich einen Tee gemacht. Es folgt eine kurze Diskussion, warum es Teeküche heißt und nicht etwa Kaffeeküche und wie man überhaupt auf die Idee kommen kann, Kaffee zu trinken, wo doch Tee eindeutig und unzweifelhaft viel besser schmeckt, so Christoph Waffenschmidt. Sven Plöger sagt den Satz einfach noch mal und tauscht nur die Worte Kaffee und Tee aus. Er ist zufrieden mit der geschaffenen Aussage. Am Smartphone werden E-Mails gecheckt und ein paar Nachrichten geschrieben, der Wettermann notiert sich Stichworte zum weiteren Verlauf des Abends. Jeder vertritt sich ein bisschen die Beine, verschwindet irgendwo in den Gängen des Bürogebäudes, geht seinen Gedanken nach. Das wirkt alles ein wenig wie die Pause beim Seitenwechsel eines Tennisspiels. Jeder kurz für sich allein und bei sich selbst. Nur, dass die beiden nicht gegeneinander, sondern miteinander spielen. Der Gegner wird nicht über das Feld gejagt, man spielt sich die Bälle zu.

Ein paar Minuten später befinden sich beide Protagonisten wieder im gut durchgelüfteten Meetingraum, schlürfen ihre Heißgetränke und natürlich dürfen weitere Süßigkeiten nicht fehlen.

# AUFBRUCH NACH
# SÜDAMERIKA

„So, lieber Sven, wir haben nun gedanklich relativ viel Zeit auf dem afrikanischen Kontinent verbracht, waren bei Tony Rinaudo, bei Innocent Opwonya, bei Startups in Kenia und der Flüchtlingspolitik Ugandas. Aber der globale Süden besteht ja nicht nur aus Afrika. Auch, wenn ich manchmal das Gefühl habe, dass viele Menschen bei Schlagwörtern wie Kindersterblichkeit, absoluter Armut, Bürgerkriegen und Hungersnöten immer an Afrika denken. Das gilt aber auch für andere Länder auf anderen Kontinenten, zum Beispiel in Südamerika."

Waffenschmidt nimmt einen letzten Schluck Tee und zieht sich wieder seine FFP2-Maske über die Nase. „Ich habe aus mehreren Gründen eine enge Verbindung zum lateinamerikanischen Kontinent. Seit mehr als zehn Jahren unterstützen meine Frau und ich ein Patenkind in Peru. Das Mädchen ist ungefähr im Alter unserer eigenen Tochter und entsprechend interessiert verfolge ich, wie sie aufwächst. Weil es, trotz der anderen Kultur, trotz der komplett unterschiedlichen Lebensumstände, trotz des Atlantiks, der zwischen den beiden liegt, und mehr als 10.000 Kilometern Distanz, echt viele Gemeinsamkeiten gibt. Weil wir, wenn es um ganz menschliche Dinge geht, halt doch nicht so verschieden sind. Alle Heranwachsenden haben ähnliche Träume vom Leben, ähnliche Probleme und ähnliche Befürchtungen. Alle streiten sich mit den Eltern, wenn es in die Pubertät geht. Das ist, glaube ich, eine sehr wichtige Erkenntnis, die hilft, empathisch mit Menschen am anderen Ende der Welt zu sein."

Plöger folgt den Ausführungen schweigend und nickt mehr oder weniger jeden Satz des Entwicklungshelfers ab. Große Zustimmung, nonverbal.

„Kennengelernt habe ich das Mädchen auf einer Gruppenreise, ähnlich wie unsere nach Äthiopien. In der Region in Peru unterstützen wir Dorfgemeinschaften unter anderem im Bereich der Ernährung. Die kargen Bedingungen im Hochland erschweren eine ausgewogene, vitaminreiche Ernährung sowie die Eiweißaufnahme. Deshalb fördern wir den Bau von Gewächshäusern, in denen Salat und Gemüse witterungsunabhängig wachsen und eine ausreichende Versorgung sicherstellen. Auf jeden Fall besuchten wir solch ein Projekt vor Ort, und da traf ich dieses kleine Mädchen, damals vielleicht drei oder vier Jahre alt. Sie hielt ein Spielzeug umklammert, war sehr zurückhaltend und schüchtern. Aber auf irgendeine Art und Weise gab es da sofort eine Verbindung zwischen uns. Das muss 2009 gewesen sein. Seitdem haben wir eine Patenschaft für sie übernommen, begleiten und unterstützen sozusagen ihr Heranwachsen. Und damit unterstützen wir, hatte ich ja vorhin schon erzählt, natürlich auch die ganze Dorfgemeinschaft. Weil alle von diesen Patenschaften profitieren.

Ich weiß, das klingt jetzt arg nach Schleichwerbung für Patenschaften, aber ich bin einfach sehr bewegt und berührt davon, dass man mit verhältnismäßig wenig Geld so viel Gutes erreichen kann. Du baust eine Bindung auf, ein direkter Kontakt zwischen Pate und Kind in Form von Besuchen ist möglich, läuft aber zum Schutz des Kindes nur mit Begleitung seitens *World Vision* ab. Das macht natürlich auch nicht jeder Pate. Aber man schreibt sich Briefe. Allein das ist schon großartig, denn durch E-Mail und WhatsApp ist das Briefeschreiben ja ziemlich aus unserem Alltag verschwunden. Dabei ist es doch ein wirklich schönes Gefühl, den Briefkasten zu Hause zu öffnen und in einem Brief die Handschrift deines Patenkindes zu lesen. Ihn in der Hand zu halten, in die Wohnung zu tragen, diese paar Sekunden Vorfreude, bevor man ihn öffnet. Was steht drin? Wie hat sie sich entwickelt? Das ist zwar nur eine Kleinigkeit, aber ich genieße sie sehr.

Du gehst also diese Patenschaft ein und interessierst dich in der Folge für Menschen in einer Region am anderen Ende der Welt, von der du zuvor vielleicht noch nicht einmal wusstest, dass sie existiert. Es laufen die Nachrichten und du hörst auf einmal aufmerksam zu, wenn es um „dein" Land geht. Beim Blättern durch die Zeitung oder beim Wischen auf deinem Tablet bleibst du bei Artikeln hängen, die über das Land berichten. Es ist ein wenig wie die selektive Wahrnehmung, die man kennt, wenn man ein neues Auto hat. Auf einmal siehst du überall dieses Modell. Und das ist die Form von Aufmerksamkeit, die wir brauchen, damit wir als Weltgemeinschaft zusammenwachsen, aufeinander achten und uns gegenseitig helfen."

Der Wettermann Plöger hört überhaupt nicht mehr auf zu nicken. Hin und wieder kommen ein bestätigendes „Ja", ein „Genau", ein „Richtig" und die Bemerkung, dass er mit dem vietnamesischen Jungen A Thong Phu auch selbst ein Patenkind hat. Hier sind sich zwei Menschen sehr einig.

Trotzdem führt Plöger ein paar Gedanken etwas weiter aus. „Und es ist ja nicht so, dass diese Paten nur ein gewisses Interesse für das Land und dessen Entwicklung bekommen. Sie haben ja zusätzlich das Gefühl, etwas Gutes getan zu haben. Und sie haben auch tatsächlich zweifellos die Welt etwas besser gemacht. Vielleicht nur in einem sehr kleinen, sehr überschaubaren Rahmen. Aber immerhin. Und ich bin überzeugt davon, dass wir Menschen solche Faktoren viel stärker in unsere jeweils ganz persönliche – ich nenne es mal: „Lebensbilanz" – einfließen lassen müssen.

---

**Das schicke Anwesen, die fünfte Weltreise, die siebte Kreuzfahrt, das wachsende Aktiendepot. Sind das die Dinge, auf die wir am Ende unseres Lebens zufrieden zurückschauen? Oder wollen wir nicht alle letztlich etwas ganz anderes? Ein erfülltes Leben, ein gutes Miteinander, Zeit für Freunde und Familie, eine intakte Umwelt, die wir den nachfolgenden Generationen hinterlassen?**

---

Jetzt nickt Waffenschmidt. Das reinste Nickkonzert. „Wie sagt man so schön: Das letzte Hemd hat keine Taschen. Deshalb lieber mit warmen Händen geben als mit kalten."

„Genau, aber versteh mich bitte nicht falsch, ich will niemandem sein Eigenheim madig machen oder seine hart erarbeitete Altersvorsorge. Doch vielleicht gibt es Dinge, die einfach wichtiger im Leben sind als das. Wahrscheinlich wird niemand auf seinem Sterbebett liegen und bereuen, dass er nicht noch zehn Stunden mehr die Woche gearbeitet hat, weil er dann eine Sprosse höher auf der Karriereleiter geklettert wäre. Aber andersherum werden wahrscheinlich viele Menschen auf dem Sterbebett bereuen, nicht mehr Zeit mit Freunden und Familie verbracht zu haben oder die Zeit, die sie hatten, nicht sinnvoller gestaltet zu haben."

„Unser Treffen heute empfinde ich zum Beispiel als sehr sinnstiftend und bereichernd. Im wahrsten Sinne des Wortes", entgegnet Waffenschmidt. „Noch einen Wein?"

Plöger schaut auf seine Armbanduhr. Ein, zwei, drei Sekunden lang grübelt er oder rechnet. „In Anbetracht der bereits fortgeschrittenen Stunde und der Tatsache, dass ich meinen Zug noch erreichen muss... aber warte mal."

Er schaut in die Bahn-App auf seinem Smartphone, checkt ein paar Verbindungen und gibt dann Entwarnung. „Ich kann auch noch etwas länger bleiben. Bis zu meiner letztmöglichen Bahnverbindung ist es noch etwas hin. Also ja, gern noch ein Literchen Wein", übertreibt Plöger scherzend. „Dann dürfen wir uns nachher aber nicht verquatschen, ansonsten musst du mir hier einen Schlafplatz unter irgendeinem Schreibtisch einrichten. Und eine Info-Mail an die Mitarbeiter schreiben, damit sie sich morgen früh nicht erschrecken, wenn der Plöger unter einem Schreibtisch liegt und schnarcht."

# DAS BEATMUNGSGERÄT DER WELT: DER AMAZONAS, DIE ABHOLZUNG UND DIE FOLGEN

„Ich werde mich sogleich persönlich darum kümmern", sagt Waffenschmidt und schenkt nach. „Aber zurück zum Thema, damit wir noch ein paar Dinge durchsprechen können, bevor dein Zug kommt und du dich von den Strapazen eines Abends mit mir erholen kannst. Wir waren ja auf dem südamerikanischen Kontinent, ‚Jenseits von Afrika' sozusagen. Dass es dort ebenfalls viel zu tun gibt, haben viele Menschen im globalen Norden gar nicht so vor Augen. Die assoziieren mit Lateinamerika vor allen Dingen Lebensfreude und Leichtigkeit: Copacabana, Caipirinha, Karneval in Rio. Aber auch dort gibt es bitterste Armut, Favelas, in denen das Gesetz des Stärkeren herrscht, und an der Regierungsspitze sitzen gern mal politische Entscheider der fragwürdigsten Art. Was beispielsweise in Brasilien passiert, auch gerade ganz aktuell im Rahmen der Corona-Krise, das lässt mich kopfschüttelnd zurück. Das Land gehört zu den am stärksten betroffenen weltweit. Von der Zerstörung des Regenwaldes ganz zu schweigen. Aber das kannst du gleich viel besser einordnen, was dort los ist, warum der Regenwald so wichtig für unser Klima ist und wieso wir ihn vor der Zerstörung schützen müssen, wenn es schon die Regierung in Brasilien nicht schafft oder man derzeit vielmehr sagen muss, nicht will."

Die letzten Sätze spricht Waffenschmidt etwas lauter, als es nötig wäre. Man merkt, wie ihn die aktuelle Situation aufregt und wie sehr er sich wünscht, Veränderungen herbeizuführen. „Die politische Führung dieses riesigen Landes versagt während der Pandemie komplett. Der Präsident selbst redet den Bürgern ein, dass alles nicht so schlimm ist, dass sie keine Masken tragen müssen, dass ein Lockdown schlecht für die Wirtschaft ist. Die Folge davon ist ein zusammenbrechendes Gesundheitssystem, das nicht mehr in der Lage ist, die mehr als 200 Millionen Einwohner halbwegs vernünftig zu versorgen. Was auch unter besseren politischen Verhältnissen schon eine Mammutaufgabe wäre. Bereits im Sommer haben wir uns deshalb als Hilfsorganisation gefragt, wie wir die Menschen vor Ort unterstützen könnten. Und zwar an den Orten, wo die gesundheitliche Versorgung auch schon in normalen Zeiten defizitär ist.

Im Amazonasgebiet gibt es auch heute noch Stämme und Dorfgemeinschaften, die nur wenige Kontakte nach außen pflegen, sei es einfach aufgrund der Abgeschiedenheit oder weil sie aufgrund der sehr schlechten Erfahrungen in der Vergangenheit keinen Kontakt wünschen. Trotzdem, oder gerade deswegen, sind einige dieser indigenen Stämme extrem anfällig für die Folgen einer Covid-Erkrankung. Sie haben der Infektion wenig entgegenzusetzen. Entsprechend hoch ist in solchen Gebieten die Gefahr, dass das Corona Virus unvorstellbar tödlich zuschlagen könnte. Jetzt denkt man natürlich: Wie soll es denn da hinkommen, das Virus? Aber täusch dich nicht, das Virus ist schlau genug, um selbst in diese Gegenden vorzudringen, etwa über Holzfäller und Bergarbeiter, die dort zunehmend aggressiver in die Natur eingreifen."

**Infobox indigene Völker im Amazonasgebiet**

*Sie heißen Yanomami, Guarani oder Wayapi – Stämme und Gemeinschaften, die auch heute noch sehr ursprünglich in den Regenwäldern des Amazonasgebiets in Brasilien leben. Mehr als 300 solcher Gemeinschaften mit rund 900.000 Mitgliedern sind bekannt. Einige Völker leben nomadisch als Jäger und Sammler, andere sind überwiegend sesshaft, bauen Pflanzen an und betreiben im geringen Maße Tierzucht.*

*Diese Lebensweise gerät aber zunehmend unter Druck. Für Weideflächen, Sojaplantagen, den Straßenbau und die Suche nach Bodenschätzen werden riesige Waldgebiete gerodet und die Stämme bisweilen mit Gewalt verdrängt. Zwar hat die brasilianische Regierung 690 Territorien mit einer Gesamtfläche von mehr als einer Million Quadratkilometern als* geschützte, indigene Gebiete ausgewiesen, der Schutz gegen illegale Rodungen ist aber unzureichend.

Eigentlich soll die staatliche Behörde FUNAI (Fundação Nacional do Índio) die Interessen dieser Stammesgemeinschaften vertreten. Bis in die 1980er-Jahre hinein bestanden ihre Hauptziele aber vor allen Dingen in der Integration und Assimilation dieser Stämme in die brasilianische Mehrheitsgesellschaft. Erst seit rund 30 Jahren hat ein Umdenken stattgefunden und das Selbstbestimmungsrecht der Gemeinschaften rückte in den Mittelpunkt. Trotzdem stehen auch heute noch viele Angehöriger der indigenen Völker der FUNAI kritisch gegenüber, weil sie sich nicht gut vertreten und ausreichend gegen Rodungen und Plantagenbau geschützt fühlen.

Experten schätzen, dass es in den Weiten des brasilianischen Regenwalds etwa 80 unkontaktierte Völker geben könnte, die isoliert und unbemerkt von der Mehrheitsgesellschaft leben. Eine direkte Kontaktaufnahme, wie sie bis vor wenigen Jahrzehnten üblich gewesen ist, wird heute auch seitens der FUNAI kritisch gesehen. Zum einen besteht die Gefahr, Krankheiten in die Gemeinschaften einzutragen, gegen die die Mitglieder keine Immunantwort geben können, zum anderen respektiert man die freiwillige Isolation dieser Stämme und deren authentische Kultur.

„Gemeinsam mit der presbyterianischen Kirche hat *World Vision Brasilien* deshalb im vergangenen Sommer ein Schiff gechartert und ist damit in die schwer zu erreichenden Gebiete gefahren. Die gesundheitliche Versorgung dort ist bereits unter normalen Umständen katastrophal. Im Durchschnitt müssen die Menschen mehrere hundert Kilometer bis zur nächsten Klinik zurücklegen. Was das im Fall von akuten Erkrankungen bedeutet, kannst du dir wahrscheinlich vorstellen."

Plöger nickt auch zu dieser eher rhetorischen Frage zustimmend, während Waffenschmidt weiter ausführt: „Das Solidaritätsschiff, so hat *World Vision* es getauft, sichert einerseits die medizinische Grundversorgung und soll gleichzeitig über Corona aufklären. Denn durch die gezielten Fehlinformationen seitens der Regierung und zahlreiche Gerüchte sind jede Menge Mythen über das Virus entstanden. Also sind die *World Vision*-Mitarbeiter auf dem Schiff ein wenig Mädchen für alles. Sie behandeln Wunden und Krankheiten, verteilen Grundnahrungsmittel und klären auf. Auch wieder ein Beispiel dafür, wie privates Engagement effektiv hilft. Wir sind in vielen Fällen einfach schnell und flexibel. So wird den Menschen vor Ort geholfen, unbürokratisch und zunehmend auch nachhaltig.

„Dann greife ich dein Stichwort von gerade, nämlich die Abholzung des Amazonas-Regenwalds, auf und berichte dir mal aus Sicht eines Klimaschützers, was dort geschieht und warum die Waldgebiete auf dieser Erde so wichtig sind."

Waffenschmidt lehnt sich in Erwartung eines etwas längeren Monologs entspannt im Sitzsack zurück und tüddelt eine weitere Miniatursüßigkeit aus ihrer knisternden Verpackung. Er kennt seinen Freund.

„Also, spricht man über den Regenwald, so wird er meist „grüne Lunge" unserer Erde genannt. Ein Arzt, den ich auf einer spontanen gemeinsamen Taxifahrt kennenlernte – nötig geworden, weil die Lokomotive unseres Zuges offensichtlich gar kein Interesse mehr daran hatte, ihre Arbeit zu verrichten –, hat mir dann klar gemacht, dass der Begriff eigentlich falsch ist und wir den Regenwald „grünes Beatmungsgerät" nennen müssten, was ich seither übrigens ausnahmslos tue.

Eine Lunge verbraucht ja Luft, indem unser Körper den Sauerstoff nutzt und wir am Ende Kohlendioxid, also $CO_2$ ausatmen. Der Sauerstoff ist für uns zweifellos noch mehr Lebenselixier als beispielsweise Wasser, denn ohne ihn wäre das Leben eine wahrlich sehr kurze Angelegenheit, allenfalls im Minutenbereich. Ohne zu trinken können wir – natürlich abhängig von der Lufttemperatur – zumindest rund drei Tage auskommen. Wälder und insbesondere der Regenwald machen genau das Gegenteil einer Lunge, denn sie benötigen keinen Sauerstoff, sondern sie produzieren ihn – deshalb ist die treffendere Bezeichnung Beatmungsgerät. Der entscheidende Prozess in der Pflanze: Sie betreibt Photosynthese und wandelt dabei Kohlendioxid und Wasser mithilfe von Licht in energiereichen Tauben-

**Wälder und insbesondere der Regenwald machen genau das Gegenteil einer Lunge, denn sie benötigen keinen Sauerstoff, sondern sie produzieren ihn – deshalb ist die treffendere Bezeichnung Beatmungsgerät.**

zucker, Glucose genannt, um. Übrig bleibt das Abfallprodukt Sauerstoff, für uns lebensnotwendig."

„Das nenne ich doch mal einen sehr sinnvollen Abfall", sagt Waffenschmidt und wirft dem Vortragenden eine Süßigkeit zu. Plöger fängt souverän, hat aber gerade keinen Appetit und lässt das gute Stück in der Brusttasche seines Hemdes verschwinden – für schlechtere Zeiten.

„Wenn wir es also ein wenig verkürzen, dann verdanken wir den Pflanzen, innerhalb- und außerhalb des Regenwaldes, unser Leben. Schon deshalb ist es wenig bis gar nicht erklärlich, dass wir sie mehr und mehr zurückdrängen.

---

**Was wir da machen, ist auch hier das vielzitierte Sägen an dem Ast, auf dem wir sitzen. Das passiert natürlich nur deshalb, weil niemand von uns explizit und persönlich sieht, wie sie oder er einen ganz mickrigen Teil des Waldes verschlingt. Erst in Summe all unseres Tuns, wenn wir also die Beiträge mit 7,8 Milliarden multiplizieren, dann wird eine große und leider wirkungsvolle Zahl daraus.**

---

Als insbesondere im Amazonasgebiet 2019 riesige Brandherde auf Satellitenaufnahmen zu sehen waren, kam schnell die Frage auf, ob wir nun immer mehr Sauerstoff verlören. Eine zunächst berechtigt erscheinende Sorge, denn dass in der Luft ein für uns idealer Sauerstoffgehalt von 21 Prozent herrscht, ist keine gottgegebene Zufallszahl, sondern das ist das Ergebnis eines stabilen natürlichen Kreislaufs. So gab es auf diesem Planeten in der ersten Hälfte seiner bishe-

rigen Existenz gar keinen Sauerstoff, denn erst die Cyano-
bakterien, oft Blaualgen genannt, fingen an, ihn durch Photosynthese vor rund 2,7 Milliarden Jahren zu produzieren.
Das Erdzeitalter des Archaikums endete und das Protero-
zoikum begann, die Erde „erhielt" ihre dritte Atmosphäre,
in der erstmals Sauerstoff vorkam. Vor dreihundert Millionen Jahren, im Karbon, stieg dessen Konzentration sogar
bis nahezu fünfunddreißig Prozent an, in der Kreide vor
etwa hundert Millionen Jahren nach einem zwischenzeit-
lich deutlich niedrigeren Wert wieder auf rund dreißig Prozent. Libellen mit Spannweiten bis zu siebzig Zentimetern
oder meterlange Tausendfüßler fühlten sich hier wohl. Der
heutige, für uns optimale Sauerstoffgehalt von 21 Prozent
herrscht nun schon seit vielen Millionen von Jahren, und
da wir es in der Atmosphäre mit fünf Billiarden Tonnen
Luft zu tun haben, braucht es auch seine Zeit, bis eine Veränderung der Gaszusammensetzung messbar würde. Und
so ist hier derzeit noch keine unmittelbare Gefahr für uns
zu wittern.

Warum die Abholzung des Amazonas-Regenwalds in
Sachen Sauerstoff nicht gleich alles zügig aus dem Ruder laufen lassen kann, zeigt sich an ein paar Zahlen: Vierzig Prozent der weltweiten Sauerstoffproduktion findet
im Meer durch Algen und sechzig Prozent an Land durch
Pflanzen statt. Der Amazonas-Regenwald macht davon in
Summe zwar beachtliche neun Prozent aus, aber etwa die
Hälfte des tagsüber produzierten Sauerstoffs wird nachts
durch die notwendige Zellatmung von den Produzenten
selbst wieder verbraucht. Und obendrein findet im Ökosys-

tem Wald natürlich auch noch das Zersetzen von Pflanzen-
material durch Mikroorganismen statt – auch hierzu wird
meist Sauerstoff benötigt. So sind Veränderungen der Sau-
erstoffkonzentration ein langsamer Prozess, es braucht dafür sehr lange Zeiträume.

Unser Problem, wenn es immer weniger Wald gibt oder
die Bäume immer mehr unter Stress durch Trockenheit lei-
den, ist also nicht der Sauerstoff, sondern die Verringerung der Speicherkapazität von Kohlendioxid. Der weltweite Wald hat, wenn er gesund ist, die bedeutende Fähigkeit, viel $CO_2$ aufzunehmen und im Holz und über das Wurzelwerk auch in den Böden einzulagern. Auf diese Weise wird das Treibhausgas der Atmosphäre entzogen und der Wald hat deshalb in Summe eine abküh-
lende Wirkung. Da wir immer mehr Kohlendioxid in die At-
mosphäre pumpen, wäre es natürlich gut, immer mehr Wald
zu haben, um dieser Entwicklung entgegenzuwirken. So
zeigt eine Studie der ETH Zürich, das etwa 9 Millionen Quadratkilometer neuer Wald gebraucht würden, um die Erwärmung tatsächlich in Schach zu halten. Wie mit einem großen
Staubsauger könnte $CO_2$ so entfernt und damit das 1,5- oder
zumindest das 2-Grad-Ziel eingehalten werden. Andere Möglichkeiten als Wald und intakte Moore haben wir derzeit
nicht, um den $CO_2$-Gehalt der Atmosphäre nicht immer weiter in die Höhe schnellen zu lassen.“

> **Unser Problem, wenn es immer weniger Wald gibt oder die Bäume immer mehr unter Stress durch Trockenheit leiden, ist also nicht der Sauerstoff, sondern die Verringerung der Speicherkapazität von Kohlendioxid.**

Waffenschmidt nutzt die Atempause, die Plöger macht, für eine Zwischenmeldung: „Stimmt! Dass Moore eine sehr wichtige und bislang viel zu wenig beachtete Rolle beim Klimawandel spielen, habe ich mal in einem YouTube-Video gesehen. Und ich bin mir sogar ziemlich sicher, dass es ein Clip von ihnen war, Herr Dr. Plöger."

Plöger lächelt leicht erfreut und ein klein wenig stolz. „Na, das trifft sich ja gut und verkürzt meine Ausführungen doch erheblich, ich wäre sonst nämlich noch ausführlich auf die Moore zu sprechen gekommen. Aber da wir ja nicht hier sind, um uns Sachen zu erzählen, die wir sowieso schon wissen, springe ich direkt wieder zurück in die Wälder dieser Welt."

**Infobox Moore**

 *Für alle Leser, die keine Möglichkeit haben, das Video anzuschauen:*
*Moore sind am Ende der letzten Eiszeit entstandene Feuchtgebiete, die aus sauerstoffarmem Wasser und abgestorbenen Pflanzenteilen bestehen. Durch den nicht vorhandenen Sauerstoff können abgestorbene Pflanzen nicht oder nicht vollständig zersetzt werden und bilden ein kohlenstoffreiches Sediment – im getrockneten Zustand als Torf bezeichnet.*

*Nur etwa 3 % der weltweiten Landfläche gilt als Moor. Trotzdem speichern diese Moore 1.000 Gigatonnen $CO_2$ – das sind 1.000 Milliarden Tonnen und damit fast doppelt so viel wie in allen Wäldern dieser Erde. Darüber hinaus sind Moore wichtige Wasserspeicher und -filter und bilden einen wichtigen Lebensraum für zahlreiche Arten.*

*In Deutschland wurden seit 1750 95 % der Moorflächen zerstört. Einerseits zur Torfgewinnung, der in früheren Zeiten als billiges Heizmaterial verwendet wurde und auch heute noch als Pflanzerde benutzt wird. Andererseits, um die trockengelegten Flächen landwirtschaftlich zu nutzen.*

„Also, zurück zum Regenwald und den neun Millionen Quadratkilometern, die man aufforsten müsste. Das ist ganz schön viel, entspricht es doch ziemlich genau der Fläche der USA oder der 25-fachen Fläche Deutschlands. Da man Wald ja weder ins ewige Eis noch in Wüsten oder in Ozeane stellen kann, wird offensichtlich, dass es durch die Konkurrenz zu unserem Lebensraum oder dem Platz für Ackerflächen schnell eng wird. Dennoch ist die Idee eines quasi natürlichen Geoengineering nicht ganz realitätsfern. Eine Forschergruppe um Thomas Crowther hat im Juli 2019 in der Zeitschrift *Science* eine Studie veröffentlicht, der zu entnehmen ist, dass man in Russland, den USA, Kanada, Australien, Brasilien und China diese Fläche ganz knapp zusammenbekommen würde. Ein bisschen Optimismus darf hier also mitschwingen.“

„Doch leider erleben wir derzeit trotz natürlichen Waldwachstums und trotz Wiederaufforstungen einen globalen Nettowaldverlust! Während einer Generation, von 1990 bis 2020, verschwanden rund 1,8 Millionen Quadratkilometer oder die fünffache Fläche Deutschlands an Wald. Das ist leider das Gegenteil dessen, was notwendig wäre, auch wenn sich der Waldrückgang etwas vermindert – wieder ein kleiner Hoffnungsschimmer am Horizont.

Während einer Generation, von 1990 bis 2020, verschwanden rund 1,8 Millionen Quadratkilometer oder die fünffache Fläche Deutschlands an Wald. Das ist leider das Gegenteil dessen, was notwendig wäre, auch wenn sich der Waldrückgang etwas vermindert – wieder ein kleiner Hoffnungsschimmer am Horizont.

Wobei die Recherche solcher Zahlen gar nicht so einfach ist. Es gibt schließlich tropische und außertropische Regenwälder, es gibt Naturwälder und Plantagenwälder, und es gibt unterschiedliche Definitionen, ab welcher Baumbedeckung und bis zu welcher Baumhöhe eine Region als Wald gilt. Hinzu kommt die behördliche Festlegung: Was wird in welchem Land als Wald verstanden, und wird eine solche Parzelle möglicherweise auch unabhängig vom Zustand der dort befindlichen Bäume als Wald ‚gezählt'.

Kommen wir zurück vom weltweiten Wald in die Regenwälder, wo es dieses Abbremsen beim Waldverlust leider nicht gibt. So stellt der *Global Forest Watch* (GFW), fest, dass der Verlust an unberührtem Regenwald im Jahr 2020 bei 42.000 Quadratkilometern lag. Um ein besseres Gefühl für diese Zahl zu bekommen: Das sind 10 Fußballfelder dieses kostbaren Waldes, die in jeder *Minute* – das muss man sich mal vorstellen! – maßgeblich durch menschliches Wirken von diesem Planeten verschwinden. Die größten Regenwälder der Erde gibt es in Südostasien, insbesondere in Indonesien, Afrika, dort vor allem im Kongo, und in Lateinamerika. Hier befindet sich im Amazonasbecken der mit Abstand größte zusammenhängende Regenwald mit einer Ausdehnung von rund sechs Millionen Quadratkilometern, wovon etwa 60 Prozent zu Brasilien gehören, 13 Prozent zu Peru, zehn Prozent zu Kolumbien und der Rest zu sechs weiteren Ländern. Den größten Waldflächenverlust gab es in der Dekade von 2010–2020 zwar in Afrika, aber geschaut wurde insbesondere nach Brasilien.

Die Geschichte der Abholzung des Regenwaldes war dort bis 2004 sehr unrühmlich, denn Viehzüchter, Sojabauern,

Landspekulanten, Holzfäller und Bergleute plünderten bis dahin hemmungslos den Reichtum der tropischen Regenwälder. Doch der öffentliche Druck, dies zu stoppen, wuchs und die damalige brasilianische Regierung begann zu handeln. Viele Nationalparks wurden eingerichtet, die Umweltbehörden gestärkt und die Satellitenüberwachungssysteme verbessert. Die Strafverfolgung wurde verschärft und landwirtschaftlichen Betrieben, die auf gerodeten Flächen wirtschafteten, der Zugang zu Krediten erschwert. Außerdem wurden die Schutzgebiete für indigene Völker deutlich ausgeweitet. Das Ergebnis ließ sich sehen, denn der jährliche Waldverlust sank deutlich.

Im Oktober 2018 kam dann der Rechtspopulist Jair Bolsonaro an die Macht und die Machtfülle des Präsidenten ist in Brasilien sehr groß. Man mag kritisieren: vielleicht zu groß. Ähnliche Gedanken schossen vielen von uns ja auch in der Trump-Ära in den USA durch den Kopf. Sollte ein Mensch in einer Demokratie wirklich so vieles, auch gegen den Willen vieler, bestimmen können? Wie sonst ist es zu erklären, dass sich die Situation für den Regenwald und auch die der indigenen Völker derart schnell verschlechtert, wie es seit Amtsübernahme von Bolsonaro der Fall ist? Du hast das ja gerade auch schon erzählt. Dieser Mann fällt seit Beginn seiner Amtszeit eigentlich nie durch kluge oder weitsichtige Kommentare und Strategien auf, eher könnte man ihn als GAPU bezeichnen, den „größten anzunehmenden politischen Unfall". Für die Umwelt interessiert er sich jedenfalls partout nicht und so nehmen Abholzung und Brandrodung wieder rapide zu."

**Infobox Geoengineering**

*Unter Geoengineering versteht man Modelle, mit denen man mittels verschiedener Methoden und Technologien vorsätzlich in natürliche Klimaprozesse eingreift. Das Ziel ist dabei nicht, die Ursache der Erderwärmung – also den hohen Ausstoß an $CO_2$ – zu reduzieren, sondern dessen Folgen abzumildern. Dabei gibt es im Wesentlichen zwei Ansätze:*

*1. Reduzierung der Sonneneinstrahlung auf die Erde (Solar Radiation Management – SRM)*
*SRM-Maßnahmen zielen darauf ab, den Anteil des Sonnenlichts, der auf die Erdoberfläche trifft, zu verringern. In einigen Plänen soll dies über im Weltall installierte Spiegel funktionieren. Andere Modelle wollen das durch die Aufhellung von Oberflächen erreichen, also etwa durch das Weißen von Dächern, damit sich der Anteil des reflektierten Lichts erhöht. Wieder andere Pläne sehen vor, verschiedene Partikel in die Stratosphäre einzubringen (Calciumcarbonat, Aluminiumoxid, Schwefeldioxid), um so den Anteil des Sonnenlichts, das auf die Erdoberfläche trifft, zu reduzieren.*
*All diese Ansätze eint, dass sie einen enormen Eingriff in das hochkomplexe Klimasystem der Erde darstellen, dessen Folgen in Gänze nur schwer zu überblicken sind. Ein für das Jahr 2021 vorgesehenes Experiment in Schweden, bei dem Calciumcarbonat-Partikel in einer Höhe von 20 Kilometern freigesetzt*

werden sollten, wurde durch einen Ethikrat abgeschmettert.

## 2. Entziehen und Speicherung von $CO_2$ in der Atmosphäre (Carbon Dioxide Removal – CDR)

CDR-Maßnahmen setzen einen anderen Hebel an, indem sie versuchen, $CO_2$ aus der Atmosphäre zu ziehen und durch langfristige bis dauerhafte Einlagerung dessen Effekt auf die Erderwärmung zu verlangsamen. Da Kohlenstoff vor allen Dingen in Biomasse gebunden wird – Pflanzen binden den Stoff bei der Photosynthese – setzen einige Modelle auf Wiederaufforstung und eine Renaturierung von trockengelegten Mooren.

Andere Ansätze sehen hingegen die Erhöhung der Biomasse in den Weltmeeren als Schlüssel zur $CO_2$-Speicherung. Durch Düngung der Ozeane soll das Algenwachstum signifikant gesteigert werden, die ebenfalls ein hervorragender $CO_2$-Speicher sind.

Da der in Pflanzen gespeicherte Kohlenstoff allerdings bei deren Zersetzung wieder freigesetzt wird, haben diese Ansätze eher eine verzögernde Wirkung auf den $CO_2$-Haushalt.

Aufwendiger, aber auf eine dauerhafte Lösung abzielend, ist ein Prozess, bei dem das $CO_2$ direkt am seinem „Entstehungsort" – also etwa in Kraftwerken – abgetrennt und anschließend in Erdschichten von mindestens 800 Metern Tiefe eingebracht wird. Diese Verfahren stecken technisch jedoch noch in den Kinderschuhen und ihre Auswirkungen auf die tiefen Erdschichten sind schwer abzuschätzen. Zusätzlich bergen sie stets die Gefahr, dass große $CO_2$-Mengen wider Erwarten plötzlich doch austreten.

# SCHRECKGESPENST
# „KIPPPUNKT"

„Trotz aller berechtigten Kritik an den Vorgängen in Brasilien ist es aber mitnichten so, dass wir uns entspannt zurücklehnen und nur vorwurfsvoll auf andere zeigen können. Ein Land wie Deutschland, in dem der Kohleausstieg erst für das Jahr 2038 beschlossen wurde und in dem jeder Bürger trotz leichten Rückgangs immer noch umgerechnet fast 9 Tonnen $CO_2$ im Jahr emittiert, hat ein Problem, wenn es Brasilien mit einer Pro-Kopf-Emission von cirka zwei Tonnen $CO_2$ den Weg weisen will, egal, ob dessen derzeitige Führung akzeptabel ist oder nicht. Zwei Tonnen pro Kopf und Jahr ist übrigens der Wert, der für jeden Erdenbewohner möglich wäre, um das Zwei-Grad-Ziel einzuhalten. 2019 lag dieser Wert bei 4,8 Tonnen und ging pandemiebedingt in 2020 auf etwas unter 4,5 Tonnen zurück.

Darüber hinaus sind wir natürlich auch sehr unmittelbar an der Ausweitung der Anbauflächen etwa für Soja beteiligt. Unser Heißhunger auf günstiges Fleisch kann eben bestens durch die billige brasilianische Sojabohne gestillt werden, die als Tierfutter verwendet wird. Ähnlich sieht es beim billigen Palmöl aus, das durch seinen Platzbedarf ebenfalls Regenwälder zerstört.

Das zentrale Problem des Amazonas-Regenwaldes: Wenn mehr als 25 Prozent vernichtet werden, könnte ein Kipppunkt im Klimasystem erreicht werden. Der wichtige Wasserkreislauf wird dann nicht mehr aufrechterhalten und damit kippt der Regenwald um und wird zu einer Savannenlandschaft. Sie bestünde aus offenem Bewuchs, also Grasland und einigen Baumgruppen. So eine Savanne ist insgesamt viel trockener als der Regenwald und könnte natürlich auch nicht annähernd so viel $CO_2$ speichern wie dieser. Zwanzig Prozent des Waldes im Amazonas sind heute bereits zerstört, wir nähern uns dem Kipppunkt also bereits in gefährlicher Weise.

**Das zentrale Problem des Amazonas-Regenwaldes: Wenn mehr als 25 Prozent vernichtet werden, könnte ein Kipppunkt im Klimasystem erreicht werden. Der wichtige Wasserkreislauf wird dann nicht mehr aufrechterhalten und damit kippt der Regenwald um und wird zu einer Savannenlandschaft.**

Meteorologisch ist der natürliche Kreislauf hoch spannend, fast wie ein Organismus. Die Passatwinde, die hier beständig aus Ost wehen, tragen einerseits in Form von Wasserdampf Atlantikwasser heran und anderseits durch Saharastaub massenweise – man sollte es kaum glauben – Nährstoffe! Dieses nährstoffreiche Wasser regnet dann über Amazoniens Regenwald ab, denn durch die Barriere der Anden kann die Feuchtigkeit nicht einfach weiter hinaus auf den Pazifik geweht werden. Diese Wassermassen im Boden nutzen nun die Pflanzen für sich und pumpen das Wasser durch die Wurzeln bis in die hohen Baumkronen. Dort verdunstet es in der heißen Tropensonne schnell und der Wasserdampf steigt in der Atmosphäre auf. Ergebnis: Riesige Schauer und Gewitter entstehen im Tagesverlauf, die dann als ordentlicher Regen die Böden erneut versorgen. Und dann beginnt das ganze Spiel wieder von vorne. Ein wunderbarer geschlossener Kreislauf, angetrieben von der Sonnenenergie.

In Summe kommen 25 Prozent des Wassers von außen über die Passatwinde, 75 Prozent sind jedoch selbst „produziert", der Regenwald ernährt sich also zu drei Vierteln praktisch selbst. Aber genau das kann er nur mit ausreichend vielen Bäumen – ein Problem, wenn zu viel Regenwald durch den Menschen vernichtet wird. Hinter allem steckt schlicht und einfach Physik und die findet völlig emotionslos und ohne jegliches Interesse an uns statt. Um uns müssen wir uns schon selbst kümmern.

**Wenn wir solche Entwicklungen also nicht erleben wollen, dann braucht es die vielbeschworenen vernünftigen Rahmenbedingungen. Nur so lässt sich auf eine auch für andere Länder faire Weise gegensteuern. Stützt sich unser Wohlstand nur auf die Ausbeutung der Natur oder des ärmeren Teils der Weltbevölkerung – freilich ohne das im Alltag unmittelbar sehen zu können –, ist er schlicht nicht dauerhaft zu erhalten.**

Im Kleinen sehen wir das auch bei Corona: Krallen sich die reichen Industrieländer allen Impfstoff, so können sich Mutanten des Virus in den ärmeren Ländern prima entwickeln und so sind wir am Ende trotz unseres Impfegoismus eben auch nicht sicher."

Eher nebenbei schaut Plöger auf seine Armbanduhr, dann springt er unerwartet schnell aus dem Sitzsack. „Mein lieber Freund, wir müssen an dieser Stelle leider abbrechen. Du weißt, mein Zug. Das wird jetzt sehr knapp und ich muss schleunigst los."

Waffenschmidt weiß, hilft seinem Freund beim Zusammensuchen seiner Sachen. Notizbuch, Smartphone, Schal. Alles da. Fürsorglich stopft der Entwicklungshelfer noch eine Handvoll Süßigkeiten in Plögers Jackentasche. Fertig angezogen gehen die beiden hastig durchs nächtliche Treppenhaus des Bürogebäudes, planen ein weiteres Treffen, weil ja längst nicht alles gesagt wurde, was es zu sagen gibt und weil das, was gesagt wurde, verarbeitet werden muss.

Im Foyer verabschieden sich die beiden herzlich, wenn auch wieder ohne Umarmung. Corona macht auch jetzt, weit nach Mitternacht, keinen Spaß. Während der groß gewachsene Wettermann die vom Schnee geräumten Betonstufen hinabsteigt, bleibt Waffenschmidt allein am Empfang zurück. Schaut noch eine Weile in die Winternacht und löscht dann das Licht.

## Zweites Treffen:
## Vor der eigenen Haustür kehren

Ein paar Wochen später ist der Winter endlich vorbei. Kein Schnee und Eis mehr, die Natur erwacht aus ihrer Kältestarre, Tulpen und Narzissen tupfen erste Farbkleckse in die Natur. Unweit des *World Vision*-Büros in Friedrichsdorf sitzen die beiden Freunde im Garten einer gemeinsamen Freundin und genießen einen dieser ersten Frühlingsnachmittage. Immer noch bestimmt das Coronavirus die Nachrichtenlage, den Alltag, das Leben. Also werden weiterhin Ellenbogen aneinander gestupst, Abstände eingehalten, Masken getragen und negative Testergebnisse vorgezeigt. Diese neue, von manchen als verantwortungsvoll bezeichnete Normalität haben auch die beiden Freunde verinnerlicht. Seltsam fühlt es sich trotzdem an.

Eine Weile sitzen Waffenschmidt und Plöger schweigend auf Gartenstühlen, jeder eine Tasse in der Hand, die eine gefüllt mit Kaffee, die andere mit Tee. Ein paar Meter neben ihnen steht eine bereits mit Holz bestückte Feuerschale von der Größe eines Kinderplanschbeckens. Der Abend wird also warm und gemütlich werden. Der Blick der beiden schweift von dem am Hang gelegenen, riesigen Gartengrundstück über die unverbaute Natur. Weiden, Waldrand, einige Pferde davor. An den paar einzelnen Bäumen auf der Weide sprießen die ersten Blätter. Gesichter werden in die Sonne gehalten, die zwar zaghaft nur, aber immerhin spürbar wärmt.

Irgendwann hat Waffenschmidt genug geschwiegen und still genossen – man trifft sich ja schließlich nicht zum Spaß – und steigt in das Gespräch ein. „Und, mein Lieber? Wie fandest du im Nachgang unser letztes Treffen? Mich hat es auch in den folgenden Tagen noch sehr beschäftigt und mir fielen immer wieder Punkte ein, die ich gern etwas breiter ausgeführt hätte. Einen weiteren Gedanken gebracht, dir noch eine Idee zugeworfen hätte. Aber ich denke, so ist es wahrscheinlich immer, wenn man sich intensiv austauscht."

Plöger nimmt einen Schluck Kaffee, schaut kurz zu seinem Freund, dann wieder Richtung Wald. „Ich fand es ebenfalls intensiv und sehr bereichernd. Mir ist allerdings auch etwas aufgefallen, das mich ziemlich beschäftigt hat. Obwohl wir mit dem Plan ins Gespräch gegangen sind, positive Beispiele zu finden, obwohl wir zeigen wollten, wie das ‚Besser machen' eigentlich geht, und obwohl wir beide ziemlich optimistische Kerlchen sind, haben wir neben all den bemerkenswerten Veränderungen, die passieren, auch viel Zeit mit den Dingen verbracht, die noch nicht so gut laufen. Und da frage ich mich, ob das einfach immer so ist und man sich die strahlenden Vorbilder nur vorstellen

**Oder gehört es einfach zu unserem Menschsein dazu, dass wir dem Negativen stets mehr Aufmerksamkeit schenken als dem Guten? Hat das vielleicht sogar irgendeine evolutionäre Funktion?**

kann, wenn man den traurigen Hintergrund, vor dem sie stattfinden, auch erwähnt. Oder gehört es einfach zu unserem Menschsein dazu, dass wir dem Negativen stets mehr Aufmerksamkeit schenken als dem Guten? Hat das vielleicht sogar irgendeine evolutionäre Funktion?

Dir ist sicherlich mal aufgefallen, dass in den Nachrichtensendungen vor allen Dingen negative Meldungen gebracht werden. Ganz nach dem berühmten Spruch ‚Bad news are good news‘. Kriege, Naturkatastrophen, ethnische Konflikte, Diskriminierung, Hass und Gewalt begleiten uns jeden Abend in den Nachrichten, werden uns vibrierend als Eilmeldungen von Spiegel online und Co. aufs Smartphone gespült, springen uns als Bild-Schlagzeile am Kiosk entgegen.

---

**Wenn wir also über Jahre mit der Absicht Nachrichten konsumieren, gut informiert zu sein, wird uns unterschwellig stets eine frustrierend negative Grundhaltung mitgegeben. ‚Eigentlich ist unser Dasein eine einzige große Krise‘, ist die resultierende Erkenntnis, und damit ist es dann schon schwierig, eine dynamische Aufbruchstimmung – für was auch immer – zu erzeugen.**

---

Eher entsteht hier und da vielleicht ein Gefühl der Geborgenheit: ‚Wenn die Welt schon so gebeutelt ist, dann bin ich froh, dass in meinem unmittelbaren Umfeld, also in meinem kleinen Kosmos, wenigstens alles okay und überschaubar ist.‘ Sind wir also alle eher Nörgler? Verwenden wir zu viel Zeit aufs Kritisieren und zu wenig auf all die good news?“

Waffenschmidt stellt seine Teetasse auf den Rasen und lehnt sich in dem Gartenstuhl zurück. „Ich denke schon, dass die schlechten Nachrichten evolutionär eine wichtige Rolle gespielt haben könnten. Es war bestimmt überlebenswichtig, wenn Familie Feuerstein wusste, dass ein Säbelzahntiger durch die Nachbarschaft streift und bereits die Geröllheimers, zwei Häuser weiter, gefressen hat. Aber mal ernsthaft, ich glaube, dass insbesondere wir beide hier im Gespräch die bad news benötigen, um diejenigen Paradebeispiele, die wir kennen und von denen wir gehört haben, richtig einordnen zu können. Und ich glaube, dass bei zu vielen good news schnell der Naivitätsvorwurf käme. Dass wir die Augen vor der Wirklichkeit verschließen würden, dass wir vielleicht sogar etwas im Schilde führen könnten, denn wenn jemand nur gute Nachrichten verbreitet, nichts kritisiert und nur lobende Worte findet…, das würde wirklich etwas seltsam wirken. Denn die Krisen gibt es nun einmal. Die Augen zu verschließen und wegzusehen ist doch keine Option. Wir sind ja nicht der Vogel Strauß, der den Kopf in den Sand steckt. Das wäre nicht nur ignorant. Es wäre sogar brandgefährlich. Nichts zu tun, können wir uns nicht erlauben, das muss ich dir bezüglich der Klimakrise nicht sagen. Aber auch im humanitären Bereich würden wir so direkt in eine Katastrophe steuern."

Plöger nickt und führt den Gedanken weiter: „Kennst du den amerikanischen Psychologen Stephen Ray Flora? Er hat Studien bezüglich der Folgen von Kritik angestellt und ist zu dem Ergebnis gekommen, dass das Verhältnis von Lob und Tadel etwa eins zu fünf beträgt. Negative Kritik ‚wirkt' viel stärker als positive Kritik, ist nachhaltiger und setzt sich viel schneller in unseren Köpfen und Herzen fest. Um eine einzige negative Kritik ‚auszuhalten‘, müssen wir im Schnitt fünfmal gelobt werden. Andere Studien sprechen sogar vom Faktor zehn. Negatives wirkt also viel stärker auf uns. Das können wir Menschen auch nicht einfach abstellen. Aber es ist gut, das zu wissen. Denn dann können wir mit unserem Verstand arbeiten, die schlechten Gefühle bei negativer Kritik rational einordnen und über diesen Weg unseren Emotionen ein Schnippchen schlagen.

Oder ein anderes Beispiel: Eine Forschergruppe um den US-Wissenschaftler Lawrence Ngo hat mit neurowissenschaftlichen Methoden ermittelt, dass wir dazu neigen, bei Handlungen mit negativen Folgen eher eine Absicht zu unterstellen als solchen mit positiven Folgen. Es ist ja durchaus vernünftig zu hinterfragen, weshalb jemand etwas tut. Aber wie oft ertappen wir uns durch diesen ‚negativen Blickwinkel‘ dabei, Menschen, die wir nicht kennen, etwas Böses zu unterstellen? Eine Antwort der Art ‚Er macht das, weil er wohl einfach ein netter Mensch ist‘ fällt uns viel schwerer als zu unterstellen, dass jemand nur deshalb etwas tut, weil er sich einen Vorteil verschaffen will. Jemandem keine Arglist zu unterstellen, halten viele sogar für naiv.“

Beide lachen etwas desillusioniert. „Wahrscheinlich ist das auch so eine Art Schutzmechanismus. Wenn ich mir der vermeintlichen Gefahren bewusst bin, dann verhalte ich mich entsprechend vorsichtig. Zugleich engt dieses Verhalten aber auch die innere Freiheit ein, Entwicklungen als förderlich zu erkennen und anzunehmen. Wie auch immer, ist jetzt ein bisschen Feuerschalenphilosophie", entgegnet Waffenschmidt. „Wir wollen ja hier auch nicht für naiv gehalten werden, wir wollen etwas bewirken und die Menschen mitnehmen, sie motivieren und Beispiele zeigen. Wir wollen rheinisch-realistisch sein, denn ganz klar sind wir keine Heile-Welt-Gurus."

Jetzt lacht Plöger herzlich und hat offensichtlich ein Bild im Kopf. „Ich weiß auch nicht, ob wir wirklich authentisch rüberkämen, so als Gurus, komplett in weiße Leinen-Saris gehüllt. Aber generell ist es natürlich eine sehr spannende Frage, warum wir häufig so werten und urteilen, wie wir urteilen. Und durch welche Erfahrungen und Bedrohungen sich diese Muster in der Menschheitsgeschichte etabliert haben. Letztendlich spekulieren wir da aber, weil das Analysieren des menschlichen Verhaltens natürlich nicht unsere Kernkompetenz ist. Ich mach das Wetter, du hilfst den Menschen. Das können wir besser. Die Wirkweise des menschlichen Verhaltens müssen Fachleute aus anderen Disziplinen untersuchen."

Waffenschmidt steht auf, geht kurz zur Terrasse und gießt sich noch mal aus einer Thermoskanne heißes Wasser in seine Tasse. Aus dem Kistchen mit Teebeutelvariationen greift er zielsicher seinen Lieblings-Earl Grey heraus, lässt dabei neumodische Geschmackskombinationen mit Zitronengras und Hibiskusblüten links liegen, kommt zurück und bleibt neben Plöger stehen.

# EUROPA UND DIE KLIMAKRISE: ES BEWEGT SICH WAS

„Heute wollten wir ja eigentlich schauen, was vor unserer eigenen Haustür passiert. Beim letzten Mal waren wir hauptsächlich auf dem afrikanischen Kontinent unterwegs, haben über die Arbeit von Tony gesprochen, sind gedanklich nach Brasilien gereist und haben sowohl die Krisen – da sind sie wieder – als auch die Werkzeuge betrachtet, mit denen man den Herausforderungen begegnen kann. Also dezentrales Handeln, gedankliche Flexibilität, Ausprobieren, kleine Ansätze finden und einfach machen. Machen, machen, machen. Das ist vielleicht nicht der Weisheit letzter Schluss, aber je mehr wir machen, machen, machen, umso größer wird die Chance, dass wir den letzten Weisheitsschluss erreichen werden."

Plöger bestätigt. „Ja. Versuch und Irrtum. Auf diesem Prinzip fußt ja nicht zuletzt unsere gesamte Entwicklung. Und das Prinzip garantiert langfristig Erfolge."

Waffenschmidt setzt sich zurück in den Gartensessel und nimmt einen Schluck aus der Tasse. Die Aussage von Plöger lässt er wortlos zustimmend so stehen. „Jetzt haben sich aber in den vergangenen Tagen und Wochen unerwarteterweise Dinge zugetragen, die die Lage, insbesondere, was das Klima betrifft, national wie international verändert haben. Und ich lehne mich wahrscheinlich nicht zu weit aus dem Fenster, wenn ich sage: zum Besseren verändert. Der neue Präsident der USA, Joe Biden, hat vierzig Regierungschefs zu einem virtuellen Klimagipfel eingeladen und hier in Deutschland hat das Bundesverfassungsgericht die Politik zu einer langfristigeren Klimaplanung verdonnert. Du als Klimaexperte hast das wahrscheinlich intensiv verfolgt."

Die Augen des Meteorologen beginnen zu funkeln, seine Gesichtszüge entspannen sich, er lächelt. Man sieht ihm an, dass er sich auf und über die folgenden Ausführungen freut: „Der Frühling 2021 hat wirklich zwei sehr beeindruckende Ereignisse geliefert und in mir durchaus Freude ausgelöst, weil ich eine solche Vermutung schon vor Jahren in meinen Vorträgen immer wieder geäußert habe. ‚Wenn der Deckel erstmal vom Topf ist …‘, fing ich dann an. Gemeint war der ehemalige Präsident Trump. ‚Mit seinem Verschwinden wird der Druck aus dem Kessel entweichen‘. Der Druck, den viele Amerikaner längst gespürt haben, der Druck, eine vernünftige Klimapolitik zu betreiben. In einigen Staaten wie zum Beispiel Kalifornien, New York oder sogar Texas geschah das längst, aber das genügte freilich nicht.

Und jetzt steht ein fast achtzigjähriger Joe Biden an der Spitze und setzt auf einen Schlag neue Maßstäbe.

Der Klimagipfel mit vierzig Staaten, die eine maßgebliche Rolle beim Ausstoß von Treibhausgasen spielen, markiert einen Aufbruch. Die USA wollen wieder eine Führungsrolle übernehmen. Da wird plötzlich Geschichte geschrieben, es werden verbindliche Rahmenbedingungen gesetzt, unter denen sich eine Aufbruchsstimmung entwickeln kann.

Präsident Biden hat den Klimawandel als ‚Problem Nummer eins für die Menschheit' bezeichnet und angekündigt, eine nationale Transformation von fossilen hin zu erneuerbaren Energien einzuleiten, die auch Millionen neuer Arbeitsplätze schaffen soll. Die USA wollen bis 2035 die $CO_2$-Neutralität des Stromsektors und bis 2050 die Treibhausgasneutralität insgesamt erreichen – dafür wird ein Zwei-Billionen-Dollar-Programm aufgelegt. Biden tritt dem Pariser Klimaabkommen ab sofort wieder bei und das löst freilich Druck auf die anderen Regionen der Welt aus. Warum dies nicht zunächst einmal optimistisch als Wettbewerb sehen? Auch die EU will ja bis 2050 klimaneutral werden und hat dies auch gesetzlich verankert, das ist eine viel stärkere Aussage als nur eine Absichtserklärung. So erhält auch der *European Green Deal* einen massiven Impuls, will man doch nun bis 2030 ein Klimaziel von minus 55 Prozent gegenüber 1990 erreichen. Und auch den Rivalen China hat Joe Biden eingeladen, und weil das Land selbst immer stärker unter seinem kompromisslosen Umgang mit der eigenen Umwelt leidet, wird auch den dortigen Machthabern mehr und mehr klar, dass ein ‚weiter so' eben auch eine Selbstschädigung ist und einem weiteren Aufstieg des Landes auf Dauer im Weg steht. So will China nun zehn Jahre später – 2060 – klimaneutral sein und ab 2030 sollen die jährlichen Emissionen fallen."

Plöger redet jetzt eine Spur schneller, als es nötig wäre. Seine Begeisterung für die Entwicklungen der vergangenen Wochen schwingt in jedem seiner Sätze mit. Ganz klar, er findet das super und möchte seine Freude darüber am liebsten jedem Zuhörer weitergeben. Muss er aber bei Waffenschmidt nicht. Der ist ganz bei ihm und freut sich höchstens noch zusätzlich darüber, dass Plöger sich so freut.

Motiviert fährt dieser fort: „Klar, all das ist noch lange hin und es ist immer leichter zu reden als zu handeln. Aber weil der Druck von außen durch immer extremeres Wetter und damit einhergehend durch extremere Kosten zur Anpassung oder Schadenbeseitigung wächst und nun drei sehr bedeutende Blöcke – USA, EU und China – in dieser Sache ambitionierte Ziele verfolgen, wächst auch der Druck auf die anderen Regionen der Welt. Zusammengefasst: Es tut sich etwas, und das ist – banal formuliert – besser, als wenn sich nichts tut. Vor allem wächst die Planungssicherheit, in die ‚richtige Richtung' zu investieren. Denn Transformation ist nur mit viel Geld möglich. Mit sehr viel Geld.

**Es tut sich etwas, und das ist – banal formuliert – besser, als wenn sich nichts tut.**

Und weil wir gerade im Schwung positiver Signale sind: Auch das Bundesverfassungsgericht hat wenige Tagen nach dem ‚Biden-Gipfel' ein bedeutendes Urteil gefällt. Es wurde zur Nachbesserung des Klimaschutzgesetzes aufgerufen, denn vor dem Hintergrund der Generationengerechtigkeit seien die Maßnahmen nach 2030 noch zu unkonkret gefasst. Ein wichtiges Signal, das ein Aufschieben in eine ferne Zukunft verunmöglicht, auch wenn man natürlich eine gewisse Offenheit in den Maßnahmen zulassen muss. Denn Dinge, die man vielleicht 2040 wird technisch machen können, sind heute möglicherweise noch unbekannt. Aber einen Rahmen festzulegen und vielleicht auch Budgets, die man dann in der Lebenswirklichkeit dieser zukünftigen Jahre konkret gestalten kann, ist eine zu Recht angemahnte Notwendigkeit."

„Mich haben diese Nachrichten total überrascht und gefreut", ergänzt Waffenschmidt. „Vor allen Dingen, weil ich das Gefühl habe, dass erstmals die unterschiedlichen geopolitischen Lager zumindest ansatzweise an einem Strang ziehen. Chinas Ziele sind in Anbetracht der Größe des Landes und seines immensen Wirtschaftswachstums extrem ambitioniert. Ähnlich groß denkt auf einmal Russland. Putin will den $CO_2$-Ausstoß bis 2030 um 70 Prozent im Vergleich zu den Zahlen von 1990 reduzieren. Und das, obwohl Russland bisher zu den Ländern mit dem größten $CO_2$-Ausstoß gehört. Aber – und das ist die Kehrseite der Medaille – Russland ist auch mit am stärksten von den Folgen des Temperaturanstiegs betroffen. Nahezu zwei Drittel der Landfläche sind bisher dauerhaft gefroren. Permafrostboden. Kennst du als Fachmann ja. Wenn der jetzt allerdings taut, zieht das riesige Probleme nach sich. Zum einen verlieren zahlreiche Gebäude, Straßen, Bauwerke ihren sicheren Boden und deren Statik ist gefährdet. Der Untergrund wird weich – womit niemand beim Bau gerechnet hat. Bei einem kleinen Bauernhof in der sibirischen Tundra ist das sicherlich ein lösbares Problem. Bei einem Atomkraftwerk sieht die Sache schon ganz anders aus. Und zum anderen setzt das Auftauen des Permafrostbodens eine Kettenreaktion in Gang, denn dort sind bisher viele, viele Megatonnen Methan auf natürliche Art und Weise gespeichert. Wenn die durch die Temperaturerwärmung in die Atmosphäre gelangen, fördern sie massiv einen weiteren Temperaturanstieg."

Plöger ist von Waffenschmidts Kenntnissen sichtlich beeindruckt. „Ich hätte es nicht besser zusammenfassen können. Vielleicht sollten wir doch gemeinsam ein Start-up gründen, was meinst du? Die ‚Erklär-Klimannschaft' oder so."

Waffenschmidt lacht, spielt übertrieben aufrichtiges Interesse vor, kommt dann aber zu seinem Thema zurück. „Was mich bei den Plänen von Russland und China allerdings etwas ratlos zurücklässt, sind deren autoritäre Regimes. In den Pandemie-Diskussionen der vergangenen Monate konnte man gelegentlich eine gewisse Sympathie für solche Systeme erahnen. Einfach, weil sich undemokratisch viel schneller auf die Herausforderungen reagieren lässt. Sieht man ja auch beim Plastikverbot in Ruanda. Schon seit 2008 ist dort bei empfindlichen Strafen die Einfuhr oder Benutzung von Plastikverpackungen verboten und fertig.

**Ich bin der Meinung, dass, egal wie groß die Krise ist, wir niemals Demokratie, Rechtsstaat und die gesellschaftliche und persönliche Freiheit beschneiden dürfen. Damit würden wir die Büchse der Pandora öffnen.**

Wenn man keine Mehrheiten benötigt, egal ob gesellschaftlich oder parlamentarisch, sind Lösungen schneller gefunden. Da kann man dann von oben beschließen, dass, keine Ahnung, 50.000 Windräder irgendwo in die Taiga gesetzt werden. Ackerflächen werden verstaatlicht, Menschen umgesiedelt, Dörfer freigezogen. In rechtsstaatlichen Demokratien geht das alles nicht so einfach. Das mag hinderlich sein, aber ich bin der Meinung, dass, egal wie groß die Krise ist, wir niemals Demokratie, Rechtsstaat und die gesellschaftliche und persönliche Freiheit beschneiden dürfen. Damit würden wir die Büchse der Pandora öffnen."

Ein paar Minuten lang sitzen die beiden schweigend nebeneinander und beobachten die gerade hinter dem Wald versinkende Sonne. Nach einem so langen Winter scheint es, als wollten sie auch noch den letzten Sonnenstrahl einfangen und genießen. Im Schatten wird es schlagartig und spürbar kälter. Die Kragen von Übergangsjacken werden hochgestellt, Reißverschlüsse bis zum Kinn geschlossen.

„Jetzt wird es aber frisch", sagt einer.

„Ist halt noch kein Sommer", der andere.

Ein paar Meter weiter kümmert sich die Gastgeberin des Abends um die Feuerschale. Nach kurzer Zeit schlagen beeindruckend hohe Flammen aus der riesigen Metallschale. Die Freunde bleiben trotzdem erst einmal in ihren Stühlen sitzen und Plöger knüpft einen weiteren Gedanken an das gerade unterbrochene Gespräch an.

# WIR SIND KEINE INSEL: WARUM WIR NUR GEMEINSAM DURCH DIE KRISE KOMMEN

„Apropos Prozentzahlen, Reduzierungsgrößen und Budgets. Hier ein Gedanke, der vordergründig nur sehr wenig mit dem Klima zu tun hat, denn es geht um Geld und Verteilung, der aber letztendlich sehr schön die Mechanik hinter vielen Krisen zeigt: Fast alle Vorgänge, insbesondere die vielen unfairen auf dieser Welt, sind mit dem Satz „follow the money" furchtbar einfach zu durchdringen. Der Mensch liebt es nun mal, viel Geld einzusammeln und möglichst wenig auszugeben. Wenn das nun acht Milliarden Menschen gleichermaßen wollen, ist es selbsterklärend, dass das nicht funktionieren kann. Denn Geld muss nun mal mit einem Gegenwert verbunden sein. Schließlich wurde es ja im Ursprung nur als eine Art Zwischenspeicher für Tauschgeschäfte erfunden, um nicht nur bilaterale, sondern auch multilaterale Geschäfte betreiben zu können. Bauer Meier hatte nicht immer das zu bieten, was die Hebamme Schmitz gerade benötigte – aber eben vielleicht ihr Nachbar Schuhmacher Weidenbichler, der aber wiederum keinen Bedarf an den Dienstleistungen einer Hebamme hatte. Geld war deshalb genial.

Aber weil Geld eben immer einen Gegenwert benötigt, kann man es ja leider nicht einfach drucken, bis sich alle reich fühlen. Es wäre zu schön, auf diese Weise eine ,heile Welt' herstellen zu können. Wir werfen mal eben die Druckmaschinen an und geben jedem eine Milliarde Euro. Gab es ja schon einmal in der großen Wirtschaftskrise 1923 mit einer Hyperhyperhyperinflation. Während man im Juni 1923 einen Liter Mich noch für günstige 1.400 Mark bekam, kostete der Liter ein halbes Jahr später mehr als 300 Milliarden Mark. Mehr Geld zu drucken ist also eine schlechte Idee. Sie schafft nicht mehr Reichtum, sondern eigentlich nur mehr Umstände. 1923 sind die Menschen mit der Schubkarre voller Geld zum Bäcker gegangen. Sehr unpraktisch. Wertloses Geld bedeutet eben nur haltlose Inflation und damit natürlich auch immer mehr Korruption. Davon kann ja so manches Land ein wiederkehrendes Lied singen. Die im Umlauf befindliche Geldmenge muss also begrenzt sein und idealerweise konstruktiv verteilt werden."

Plöger und Waffenschmidt beschließen einen Standortwechsel und positionieren die Gartenstühle um das nun weniger beängstigend hoch lodernde Feuer. Der Meteorologe verschwindet kurz Richtung Terrasse und steht kurze Zeit später mit einer Auswahl an Flaschenbieren in der Hand neben seinem Kumpel. Normal, alkoholfrei, light, Mixgetränk. Beide entscheiden sich spontan für ein Bier-Limo-Gemisch. Es werden ein paar Scherze gemacht, die Wärme des Feuers begrüßt, die Frostnächte im Spätwinter ebenso verflucht, wie der – vom heutigen Tag mal abgesehen – sehr feuchte und sehr kühle Frühling.

Plöger ist mit seinem Gedankengang noch nicht ganz fertig und schlägt eine weitere Assoziationsbrücke: Also anders als beispielsweise beim Gesellschaftsspiel ‚Monopoly' – weshalb das ja auch immer relativ schnell endet. Aber in der echten Welt können wir nicht einfach aufhören, die Welt dreht sich ja weiter. Schaffen wir es nicht frühzeitig, die drohenden Ungerechtigkeiten aufzuhalten, dann laufen wir immer wieder in neue Krisen hinein. Und wir dürfen an dieser Stelle nicht einen Fehler mit dem anderen erklären. Beispiel: Wir sagen, dass Klimaschutz Geld kosten muss. Soweit so richtig. Reflexartig schließen wir einen ebenfalls richtigen Satz an, nämlich, dass es unfair sei, dass der reichere Teil der Bevölkerung sich dann weiterhin alles leisten könne, etwa eine Vielzahl von Flugreisen. Der ärmere, ohnehin weniger Treibhausgase emittierende, Teil der Bevölkerung jedoch nicht.

---

**Der falsche Schluss aus zwei richtigen Sätzen: Weil es sich die ärmeren Menschen nicht leisten können, müssen wir auf den Klimaschutz verzichten. Der richtige Schluss aus den gleichen Sätzen: Die Ungerechtigkeiten müssen weg, damit Klimaschutz für alle bezahlbar ist.**

---

Es ist an allen Stellen gleich: Eine unfaire Welt funktioniert auf Dauer nie stabil. Das sehen wir ja, wie schon kurz erwähnt, auch bei der Corona-Pandemie. Die reichen Industrienationen sichern sich mit ihren finanziellen Möglichkeiten die so wichtigen Impfstoffe und die ärmeren Länder des globalen Südens gehen erwartungsgemäß fast leer aus. Unser Denkfehler dabei:

**Wir glauben, die Pandemie sei zu Ende, wenn wir geimpft sind. Aber das ist ja falsch! Ein irrwitziger Trugschluss! Eine Pandemie ist zu Ende, wenn sie überall zu Ende ist. Sonst kann sich das Virus fröhlich weiterentwickeln und eine Mutante nach der anderen produzieren.**

Gehen wir quasi kurzdenkend so vor, dann haben wir am Ende eben auch für uns keinen Vorteil, sondern müssen immer wieder große Geldmengen in die Entwicklung neuer Impfstoffe stecken. Um das zu vermeiden, sei auf die COVAX-Initiative verwiesen, die unter anderem von der Weltgesundheitsorganisation und der EU ins Leben gerufen wurde. Sie ist ein wichtiger Baustein, um für eine weltweite Verbreitung der Impfstoffe zu sorgen. Jetzt sind die einzelnen Staaten gefordert, COVAX massiv zu unterstützen. Spätestens durch die Pandemie ist noch mal deutlich geworden, wie zentral ein grundlegend funktionierendes Gesundheitssystem und die effiziente, dezentrale Produktion von Medikamenten und Impfstoffen ist. Aus meiner Sicht gehört zu verantwortungsvoller globaler Politik die Unterstützung der Staaten des globalen Südens

**Spätestens durch die Pandemie ist noch mal deutlich geworden, wie zentral ein grundlegend funktionierendes Gesundheitssystem und die effiziente, dezentrale Produktion von Medikamenten und Impfstoffen ist.**

bei diesem Aufbau. Das ist nicht nur praktische investive Entwicklungspolitik, sondern, wie gesagt, auch total in unserem eigenen Interesse."

Waffenschmidt nimmt einen Schluck aus seiner Flasche, stellt sie neben ein Stuhlbein ins Gras und hält seine Hände in Richtung der Flammen. „Mein lieber Scholli, jetzt haben wir, nein, jetzt hast du aber schon wieder einen riesigen Bogen geschlagen und bist von Joe Bidens Klimagipfel über die Milchpreise im Jahr 1923 hin zur globalen Impfstoffverteilung gekommen. Aber andererseits zeigt dieses Hakenschlagen doch genau die immense Herausforderung, vor der wir alle stehen. Alles ist mit allem verbunden. Das kannst du jetzt christlich verstehen oder spirituell oder ganz pragmatisch aufs Leben bezogen. Klima, Gesellschaft, Gesundheit, Geld, das ist alles viel enger miteinander verzahnt, als es uns oftmals bewusst wird. Und sobald man an einer Stellschraube dreht, wirkt sich das auf viele Bereiche aus. Und eben auch auf solche, die erst einmal gar nichts mit der ursprünglichen Sache zu tun haben. Das ist für den Einzelnen einerseits herausfordernd, weil die Mechanismen von Politik und Wirtschaft in einer globalisierten Welt sehr komplex und undurchsichtig erscheinen. Die Gefahr ist groß, dass diese Komplexität einschüchternd wirkt und man sich als, ich sag mal, normaler Mensch, schnell überfordert und hilflos fühlen kann. Du kennst den Einwand ‚Was kann ich denn als Einzelner schon tun?' genauso gut wie ich. Aber dieses Gewebe von Verbindungen und Abhängigkeiten gibt uns andererseits auch immense Handlungsmöglichkeiten und damit echten Einfluss.

Du hast ja gerade von Optimismus gesprochen, bei unserem letzten Treffen ging es auch ums Um-die-Ecke-Denken – Tony Rinaudo ist da ein leuchtendes Beispiel –, und ich glaube, dass wir vor allen Dingen Motivation benötigen. Einen Einstellungswechsel hin zum Machen.

---

**Wir als Konsumenten haben es bei jedem Einkauf in der Hand. Jeder Kassenbon ist ein Abstimmungszettel. Und wir beeinflussen ja den Markt jetzt schon wirklich massiv. Schau dir die Regale in den Supermärkten und Discountern an. Wer hätte vor fünf oder zehn Jahren gedacht, dass selbst ALDI und Co. inzwischen zahlreiche preiswerte vegane Lebensmittel anbieten.**

---

Das war ja keine glorreiche Idee der Wirtschaft – die reagieren nur auf die gestiegene Nachfrage und erschließen sich neue Geschäftsfelder. Dieser Prozess mag manchem Klimaschützer nicht schnell genug ablaufen, und es wird bestimmt der Einwand kommen, dass das alles nicht ausreichen wird und wir zu wenig Zeit haben. Aber genau dieser Einwand hemmt wieder viele Konsumenten und bestätigt sie in ihrer Meinung, dass sie eh nichts – mehr – tun können. Deswegen ermutige ich die Menschen auch immer wieder, selbst kleinste Schritte zu gehen.

> Es klingt jetzt platt, aber wenn ganz viele Leute ihren
> Lebenswandel nur minimal verändern, ist trotzdem
> schon viel erreicht. Einmal durch die Handlung an
> sich, aber auch, weil der Markt entsprechend reagiert
> und sich anpasst. Ich glaube, wir müssen mehr loben,
> auch kleine Erfolge feiern. Wahrscheinlich nehmen wir
> dadurch viel mehr Menschen mit, können sie begeistern
> und ihnen zeigen, dass es nicht ausschließlich immer
> nur um Verzicht und Verbote geht.

Plöger nickt schon eine ganze Weile zustimmend, jetzt beugt er sich vor, und das Leuchten in seinen Augen zeigt, dass er ganz nah an den Gedanken des Entwicklungshelfers ist. „Und nicht zu vergessen: die Vorbildfunktion! Wenn du etwas machst und dein Umfeld sieht, wie es funktioniert, gehen deine Freunde oder Arbeitskollegen vielleicht in eine ähnliche Richtung. Ich erlebe das häufig bei meinem kleinen Häuschen in der Schweiz, das wir schon vor etwa acht Jahren energetisch modernisiert haben. Also Solarzellen aufs Dach, eine Wasseraufbereitung mit Wärmepumpe, die über die Solarzellen vom Dach mit Strom versorgt wird, und ein Heizsystem, das mit Infrarot-Heizkörpern arbeitet. Auch dieses System wird – wenn denn die Sonne scheint – mit meinem eigenen Strom vom Dach betrieben. Da ich ja nicht dauerhaft dort wohne, kann ich die Heizung mit dem Smartphone bedienen. Das ist nicht nur praktisch, sondern spart auch Strom, weil ich das Haus kaltfallen lasse, wenn ich gerade nicht dort bin. Dann bleiben alle Heizungen aus und werden nur bei Bedarf von mir angestellt. Und vielleicht einen Tag, bevor es zum Haus geht, mache ich sie an, um die Zimmer wieder entsprechend aufzuheizen. Und das alles mit meinem selbst produzierten Strom. Die Solarzellen liefern Strom, wenn die Sonne scheint. Benötige ich den Strom dann nicht, wird er ins Netz eingespeist. Und andersrum: Benötige ich Strom und die Sonne scheint gerade nicht, kommt er natürlich aus der berühmten Steckdose. In den vergangenen acht Jahren haben ich so über meine Solaranlage mehr als vierzig Megawattstunden Strom produziert. Das ist Strom, der eben nicht aus fossilen Brennstoffen gewonnen wurde oder der gar aus einem Atomkraftwerk stammt. Bei Freunden und Besuchern stößt das auf großes Interesse. Sie fragen nach, und aus anfänglicher Skepsis wird nicht selten eine Motivation, ebenfalls ein paar Dinge bei sich zu Hause zu verändern."

Waffenschmidt steht auf und stellt sich vor das kleiner werdende Feuer. „Ich kann jetzt auch mal den Advocatus Diaboli spielen – machst du ja sonst auch ganz gerne – und wende ein, dass dies aber voraussetzt, dass man ein Haus hat, idealerweise mit einem Dach drauf, auf das man solche Solaranlagen montieren kann. Ich als Wahlberliner sehe täglich vor allen Dingen Mietwohnungen. Da muss dann der Vermieter aktiv werden."

„Ein Haus mit Dach ist auf jeden Fall sinnvoller als eines ohne Dach", stimmt Plöger lachend zu. „Ist auch für das Raumklima nicht immer so optimal, ohne Dach könnte es feucht werden. Aber Spaß beiseite. Ja, der Einwand wird bestimmt häufig geäußert, aber er passt nur halb. Einerseits können auch hier Mieter wie die Verbraucher bei den Produkten im Supermarkt die Nachfrage erhöhen, was bei

einem angespannten Wohnungsmarkt wie in Berlin natürlich nur sehr eingeschränkt möglich ist.

Andererseits gibt es auch heute schon kleine, technisch
ausgereifte Plug-in-Solaranlagen für Balkon und Garten.
Die kommen ohne Installation aus, werden einfach in die
Steckdose gesteckt und produzieren Strom für den Hausge-
brauch. Das sind bei solchen Mini-Anlagen natürlich nicht
riesige Strommengen, sie decken etwa den Bedarf für Kühl-
schrank und Waschmaschine in einem Zweipersonenhaus-
halt, aber die Anlagen sind dafür sehr günstig und arbeiten
durchaus wirtschaftlich. Sprich: nach fünf bis zehn Jahren
rentiert sich so eine Anschaffung. Selbst die Verbraucher-
zentralen sehen darin einen kleinen Beitrag zur Energiewende und empfehlen solche Systeme. Es wird weiterhin
viele Menschen geben, für die so etwas aus ganz unterschiedlichen Gründen nicht infrage kommt. Ich wollte mit
dem Beispiel aber zeigen, dass wir noch jede Menge Luft
nach oben haben, was den Beitrag jedes Einzelnen zur Be-
wältigung der Klimakrise angeht."

„Und es schließt sich schön an das an, was ich zur Macht
der Konsumenten gesagt habe", sagt Waffenschmidt. „Wahrscheinlich kann jeder von uns irgendeinen Beitrag leisten.
Allesamt kleine Beiträge. Ein Solarpanel hier, mal das Auto stehen lassen dort, mal die Wurst durch etwas Pflanzliches beim
Frühstück ersetzen. Nichts, was eine radikale Umstellung des
eigenen, individuellen Alltags bedeutet, aber durchaus ein im-
menses Potenzial, wenn es ganz viele Menschen machen. Und
man darf damit natürlich auch nicht die Politik aus ihrer Verantwortung entlassen. Viele kleine Veränderungen sind eine

Sache, aber wir brauchen auch die großen Entscheidungen, wie die Umsetzung von neuen, sauberen Energieträgern und die Förderung von einer integrierten und alternativen Art der Mobilität. Dass Bahnverbindungen und ÖPNV günstiger und attraktiver werden müssen, ist uns, glaube ich, allen klar. Dafür brauchen wir viel mehr Wettbewerb."

„Absolut!", stimmt Plöger zu. „Und ich kann von mir selbst sagen, dass es sogar ein wenig Spaß macht. Wir sind ja beide sehr viel im Land unterwegs, haben hier einen Termin und dort ein Meeting. Ich reise beruflich fast nur noch mit der Bahn und habe so meine Autokilometer um über 80 % reduziert."

„Ich könnte als Markenbotschafter für die Deutsche Bahn auftreten. Mit dem sehnsüchtigen Blick aus dem Fenster auf die schönen Landschaften, die vorbeiziehen, äußere ich in dem Werbespot meine innersten Gefühle, und die lauten: ,Ich arbeite in Hessen, wohne in Berlin, zu Hause bin ich im ICE.' So fühlt es sich für mich wirklich manchmal an. Ich fahre unheimlich gerne mit der Bahn, vor allem dann, wenn es keine Verspätungen, Zugausfälle oder veränderte Wagenreihungen gibt. Aber so was kommt ja nie vor", entgegnet Waffenschmidt lachend.

# VON EINEM EXTREM INS ANDERE: WARUM DAS WETTER AUCH BEI UNS VERRÜCKTSPIELT

Das Feuer in der Metallschale ist inzwischen zu einem orange leuchtenden Glutteppich zusammengefallen. Die Gastgeberin wuchtet mit Hilfe der beiden Freunde einen schweren Stahlrost darüber, fertig ist der XXL-Grill, auf dem kurze Zeit später diverse Würstchen, Gemüse und Käse vor sich hin brutzeln. Waffenschmidt und Plöger sitzen nun an einer Bierzeltgarnitur, bedienen sich am Salat, essen mit Kräuterbutter bestrichene Baguettescheiben und freuen sich über diesen ersten warmen und trockenen Frühlingstag.

Die Wartezeit, bis das Grillgut fertig ist, nutzt der Meteorologe, um mit einigen Missverständnissen aufzuräumen, die ihn in diesem viel zu kalten Frühjahr immer wieder begegneten. Missverständnisse über Extremwetter, die Erderwärmung und den Unterschied zwischen Wetter und Klima. Ihm ist es eine Herzensangelegenheit, und man merkt, dass er aufklären will. Denn wenn Menschen nicht wissen, wie

Wetter, Klima und Erderwärmung zusammenhängen, dann wird es schwer, sie für Veränderungen zu begeistern.

„Dieser Frühling hat uns einen eindrücklichen Beweis dafür geliefert, wie frisch es auch in Zeiten der Erderhitzung plötzlich werden kann. Der April war gegenüber dem langjährigen Mittel deutlich zu kalt, denn wochenlang hielt sich frische Polarluft bei uns. Eigentlich eher ein März. Aber – und das ist das Auffällige – während ‚unser‘ Tief über den Britischen Inseln lag, nicht weiterzog und somit diese Region und große Teile der EU quasi trotz Brexit zumindest temperaturtechnisch wieder eng miteinander verbunden wurden, lag im Nordosten Europas und im Westen Russlands ebenso unbeweglich Heißluft. Dreißig Grad in Finnland und fünfzehn bei uns – und das für viele Tage. Da muss man dann zweifellos von ‚ungewöhnlich‘ sprechen. Auch nördlich des Kaspischen Meeres und bis hinauf zur Halbinsel Kola herrschte anhaltende ‚Frühlingshitze‘ mit oft über fünfundzwanzig, weiter im Süden bis zu fünfunddreißig Grad. Der ganze Verlauf von 2021 war bis dahin außergewöhnlich: Mitte Februar kamen wir in Deutschland nahe an neue Kälterekorde für diesen Wintermonat heran. Du erinnerst dich noch an unser Treffen und wie kalt es war, als wir am späten Abend draußen am Feuer standen.“

Waffenschmidt nickt, schnappt sich ein weiteres Stück Baguette und lässt Plöger fortfahren. Ein Themenwechsel funktioniert gerade sowieso nicht. Und spannend ist es auch. Also einfach zurücklehnen, zuhören und lernen.

„Wenn man Wetter und Klima verwechselt, können schnell auch erstaunliche Gedanken Fuß fassen. So erhielt ich täglich mehrmals die Nachfrage von Zuschauern, ob das kalte Frühjahr vielleicht das Ergebnis des Lockdowns wegen der Pandemie sei, weil wir doch weniger flogen und Auto fuhren? Freilich ist dem nicht so. Ich habe ja gerade gesagt, dass es eben nicht überall kalt war in diesem Frühjahr. Und zweitens ist das Klima nun mal eine langfristige Statistik.

**Der Lockdown 2020 hat – für manchen erstaunlicherweise – nur zu einer Reduktion der weltweiten $CO_2$-Emission von rund sechs Prozent geführt.**

Der Lockdown 2020 hat – für manchen erstaunlicherweise – nur zu einer Reduktion der weltweiten $CO_2$-Emission von rund sechs Prozent geführt.

Warum so wenig? Weil wir weiterhin geheizt oder Klimaanlagen zur Kühlung genutzt haben und in vielen Regionen dieser Welt die Industrie- und erst recht die Nahrungsmittelproduktion aufrechterhalten blieb. Auch wurde in anderen Gegenden ja trotz Pandemie deutlich mehr geflogen als bei uns in Europa. Unterm Strich wurden durch den Lockdown etwas mehr als zwei Milliarden Tonnen $CO_2$ weniger emittiert, als es sonst der Fall gewesen wäre. Wohlgemerkt: weniger emittiert – aber natürlich keinesfalls der Atmosphäre entzogen. Wenn man diese Minderung nun mit unseren weltweiten Emissionen seit sehr langer Zeit, also zum Beispiel seit den 1950er-Jahren betrachtet, als die Emissionen massiv zunahmen, so stehen diese zwei Milliarden Tonnen ‚Pandemie-Einsparung‘ rund 1.500 Milliarden Tonnen Gesamtemissionen gegenüber. Oder anders gesagt: Die Pandemie hat aus 1.500 Milliarden 1.498 Milliarden Tonnen gemacht. Spätestens jetzt sieht man, dass diese Änderung nicht zu solchen Wettereinflüssen führen kann. Oder es müsste umgekehrt die Frage gestellt werden, warum die 750-fache Menge in den Jahren vor dem Lockdown das Wettergeschehen nicht längst vollkommen irrwitzig aus dem Ruder laufen lassen hat. Kurz: Wetter und Klima zu verwechseln ist in etwa so unglücklich, als würde man in der Mathematik Plus und Minus verwechseln. Da kommt am Ende logischerweise nichts Gescheites heraus."

**Wetter und Klima zu verwechseln ist in etwa so unglücklich, als würde man in der Mathematik Plus und Minus verwechseln. Da kommt am Ende logischerweise nichts Gescheites heraus.**

Plöger geht zum Grill, lädt das endlich fertige Grillgut auf einen Teller und beginnt mit der Essensausgabe an seinen Freund. Man prostet sich zu, Bierflaschen klimpern aneinander und alle wünschen sich einen guten Appetit. Mit Bratwurst und Grillkäse auf der Gabel referiert Plöger weiter: „Warum aber erleben wir insbesondere in den letzten Jahren solche Veränderungen bei unseren Wetterabläufen und damit immer extremeres Wetter? Die Antwort ist ganz einfach: Weil die Erwärmung des Planeten nicht überall gleich ist! Schauen wir uns zu Beginn mal das Wetter in Mitteleuropa an.

Für die Veränderung unseres Wettergeschehens ist vor allem eine Entwicklung viele tausend Kilometer von uns entfernt verantwortlich, namentlich der Rückgang des arktischen Eises. Durch die Erwärmung tauen große Eismengen auf und setzen eine Rückkopplung in Gang. Das kalte Eis hat nämlich durch seine weiße Farbe eine hohe Albedo, also eine hohe Rückstrahlkraft. Will heißen, dass viel der eingestrahlten Sonnenenergie unmittelbar an seiner Oberfläche reflektiert und damit zurück ins Weltall geworfen wird. Diese Energie spielt daher für unseren Planeten Erde gar keine Rolle mehr. Taut das Eis aber nun weg, werden darunter befindliche dunklere Wasser- oder Landflächen sichtbar. Deren Albedo ist viel geringer, und so verbleibt die eingestrahlte Sonnenenergie nun plötzlich im Erdsystem und sorgt für einen deutlichen Temperaturanstieg in dieser Region, der wiederum mehr Eis tauen lässt – und so weiter. Positive Rückkopplung nennt man das. Wobei das Wort positiv hier nichts Gutes bedeutet, sondern im Sinne von ‚in dieselbe Richtung wirkend‘ zu verstehen ist. Die einmal angestoßene Erwärmung wird also immer mehr verstärkt. Dass positiv nicht immer gut ist, haben wir ja schon in der Corona-Pandemie lernen müssen, wo schließlich negativ ja gerade positiv ist.

Schaut man auf die Entwicklung der vergangenen Jahrzehnte, stellt man fest, dass sich die Arktis durch den oben beschriebenen Effekt im Vergleich zu anderen Regionen der Welt übermäßig erwärmt hat. Waren es im globalen Mittel in den vergangenen fünfzig Jahren etwa ein Grad Celsius Erwärmung, so ging es in der Arktis in diesem Zeitraum um unvorstellbare 3,1 Grad nach oben. In dieser empfindlichen Zone lassen sich auch die entscheidenden Unterschiede zwischen einem 1,5 und einem Zwei-Grad-Ziel für diesen Planeten erkennen: Die Wahrscheinlichkeit, dass das arktische Eis im Sommer komplett auftaut, ist bei zwei Grad zehnmal höher als bei 1,5 Grad globaler Erwärmung.

Zurück zur Frage nach unserem extremer werdenden Wettergeschehen. Beantworten lässt sich das kurz und bündig mit der Überlegung, warum es überhaupt Wetter gibt: Weil es am Äquator heiß und an den Polen kalt ist. Die Natur will solche Unterschiede immer ausgleichen und tut das, indem sie Energie aus wärmeren in kältere Regionen pumpt. Um Energie, also Wärme, zu transportieren, muss Luft bewegt werden – und Luftbewegung nennen wir wiederum Wind. Um diesen Energietransport sicherzustellen, gibt es in der Höhe von rund zehn Kilometern ein Starkwindband, den Strahlstrom oder englisch Jetstream, in dem die Windgeschwindigkeiten durchaus auf Werte über 500 Kilometer pro Stunde anwachsen können. Dieses Windband umkreist in Wellen den Planeten auf ungefähr fünfzig bis sechzig Grad nördlicher Breite – wir betrachten ab hier beispielhaft nur die für uns in Europa wichtige Nordhalbkugel, auch wenn es das Gleiche natürlich auch auf der Südhalbkugel gibt.

Immer, wenn sich der Jetstream nach Süden ‚ausbeult‘, sich also eine Art Wellental bildet, dann ist in dieser Region ein Bodentief zu finden, und bei einer ‚Beule der Höhenströmung nach Norden‘, dem Wellenberg, ein Bodenhoch. Vereinfacht gesagt: In der Atmosphäre wird oben bestimmt, was unten geschieht – genau wie im ‚richtigen Leben‘. Hat das Windband ordentlich Schwung, so ziehen auch die Hochs und Tiefs mit einer gewissen Entschlossenheit über uns hinweg und sorgen für das typische mitteleuropäische Wettergeschehen: Nach einigen sonnigen Tagen ziehen aus Westen langsam sich verdichtende Schichtwolken auf und später kommt es zu Regen. Danach klart es auf, in wärmerer Luft lösen sich Sonne und Wolken ab. Mit

Passage der Kaltfront nahen dann Schauer und Gewitter, doch dahinter baut sich für einige Tage ein neues Hoch mit Sonnenschein und im Sommer langsam steigenden Temperaturen auf. Wir haben uns allerdings schon so sehr an die untypischen Sommer mit wochenlangen Hitzeperioden gewöhnt, dass wir den eigentlich normalen Sommer mit häufigeren Wetterwechseln fast schon als ungewöhnlich empfinden."

Plöger nimmt noch etwas Salat, während Waffenschmidt bereits fertig ist und zurückgelehnt, die Arme hinterm Kopf verschränkt, weiter zuhört.

„Jetzt folgender Gedanke: Weil sich die Arktis ja nun übermäßig erwärmt hat, ist die Temperaturdifferenz zwischen Äquator und Pol plötzlich geringer. Und weniger Temperaturunterschied bedeutet auch, dass weniger Energie transportiert werden muss, um diese geringeren Unterschiede auszugleichen, ergo: Der Jetstream wird im Mittel schwächer, und da er bestimmt, wie die Hochs und Tiefs ziehen, werden diese langsamer, sind also damit auch länger bei uns. Lange ein Hoch zu haben heißt aber Dürre und im Sommer zunehmend Hitze, und lange ein Tief bedeutet Niederschläge und am Ende möglicherweise sogar Hochwassergefahr. Auch Gewitter, die in Ermangelung von Wind nicht mehr über das Land getrieben werden, sondern an Ort und Stelle verharren, regnen oder hageln all ihre Fracht an eben dieser Stelle ab – das Wettergeschehen ist extremer. Es wird hier auch deutlich, dass Dürre und Hochwasser zwar das Gegenteil voneinander sind, aber im Grunde ‚nur' zwei Seiten ein und derselben Medaille.

Verkürzt: Das Verschwinden des Eises in der Arktis bremst unsere Hochs und Tiefs und macht unser Wetter extremer. Dies ist zumindest einer von vielen Faktoren, ein anderer ist, dass eine wärmere Atmosphäre mehr Wasserdampf – sieben Prozent mehr pro Grad Celsius – aufnehmen und damit auch mehr Energie enthalten kann. Es zeigt sich also, dass vom Menschen oder auch von der Natur verursachte Änderungen die Zirkulation der Atmosphäre und somit Wetterabläufe verändern. Das geschieht bei uns, aber natürlich auch in vielen anderen Regionen dieser Welt.

> **Das Verschwinden des Eises in der Arktis bremst unsere Hochs und Tiefs und macht unser Wetter extremer.**

Eine davon wollen wir uns genauer anschauen und gelangen damit nach Indien. Die Menschen dort berichteten uns vor allem von erheblichen Veränderungen beim Monsun und seinen Regenfällen durch den Klimawandel. ‚Der Wechsel zwischen Regen- und Trockenzeit verliert seine Regelmäßigkeit‘, wird uns erklärt. Doch genau diese Regelmäßigkeit ist die Grundlage der dortigen Landwirtschaft. Extreme Dürreperioden wechseln sich nämlich nun mit Jahren ab, wo große Landstriche in dramatischer Weise überflutet sind. Während die Jahreszeiten bei uns durch die Temperaturen definiert sind, sind es in äquatornahen Regionen, wo man sich ganzjährig in warmer Luft befindet, vor allem die Niederschläge, die den Verlauf des Jahres bestimmen. Wann ist Regen- und wann Trockenzeit? Die großräumige Luftzirkulation, die diese Wechsel verursacht, heißt Monsun. Das Wort kommt übrigens vom arabischen Wort ‚Mausim‘, welches schlicht ‚Jahreszeit' heißt. Die Menschen und natürlich auch Pflanzen und Tiere stellen sich in diesen Regionen auf den regelmäßigen Wechsel der Windrichtungen und der daraus folgenden feuchten und trockenen Phasen ein. Besonders bekannt ist dabei der indische Monsun.

Von Juni bis Oktober liegt, bedingt durch den Sonnenstand, eine Tiefdruckrinne sogar jenseits des nördlichen Wendekreises, 23,5 Grad nördlicher Breite. Nun strömt die Luft dorthin, um das Tief aufzufüllen, und dabei wird die Feuchtigkeit vom Indischen Ozean über das Land geweht, die auf dem Weg Richtung Himalaya und dann vor allem bei Erreichen des Gebirges immer weiter aufsteigen muss. Dieser Prozess führt zu ausgedehnten und reichlichen Niederschlägen. Ein besonders nasser Ort ist dabei das indische Cherrapunji, wo im Mittel mehr als zwanzigmal so viel Regen fällt wie etwa in Berlin. In den übrigen Monaten liegt der tiefe Luftdruck mit der viel weiter südlich stehenden Sonne ebenfalls südlich, und damit strömt die Luft aus Nordosten über den Himalaya zum Subkontinent. Die Folge ist die Trockenzeit. Die Ausläufer des indischen Monsuns erstrecken sich bis zum südostasiatischen, nordaustralischen und sogar ostafrikanischen Raum.

So! Jetzt habe ich aber wirklich genug vom Wetter erzählt. Und – wie es immer so ist, wenn man erzählt – viel zu viel dabei gegessen. Ich bin pappsatt."

Die beiden stoßen erneut mit den Bierflaschen an und Plöger lehnt sich zufrieden in seinem Stuhl zurück. Soll doch jetzt mal ein anderer reden.

# EUROPA STÖSST AN SEINE GRENZEN: WARUM MENSCHEN FLÜCHTEN UND WAS WIR DAMIT ZU TUN HABEN

„Das waren sehr spannende Ausführungen, lieber Sven", freut sich Waffenschmidt. „Ich finde es klasse, dass man mit dir immer etwas lernt. Du bist quasi das Fleisch gewordene Bildungsfernsehen, rheinisches Telekolleg in Person. Selbst hier am Grill und ohne Fernseher. Aber zurück zum Thema, wobei das gerade natürlich perfekt zum Thema gehört, denn du hast schön gezeigt, dass auch wir hier in unseren Breitengraden direkt die Auswirkungen der Erderwärmung zu spüren bekommen. Wir sind aber damit schon sehr nah an unsere eigene Haustür rangekommen. Das stand zwar auch genauso auf unserer Agenda für den heutigen Abend – weg von Afrika, weg von Lateinamerika, direkt rein nach Europa, rein nach Deutschland. Aber mir fehlt da noch der Blick auf Europa und da speziell auch auf Europas Grenzen. Das ist ja ein Thema, mit dem ich tagtäglich zu tun habe und an dem sich auch wieder zeigen lässt, wie eng alles miteinander verflochten ist.

2015 war wahrscheinlich für fast jeden von uns eines der prägendsten Jahre seit dem Fall der Mauer. Den von den Medien benutzten Begriff ‚Flüchtlingskrise' mag ich allerdings noch immer nicht. Wenn überhaupt, war es eine Krise für die Geflüchteten und nicht eine von ihnen verursacht. Aber wie auch immer. Aus diesem Jahr konnten wir eine Menge lernen. Zum einen, dass es weltweit aus ganz unterschiedlichen Gründen riesige Fluchtbewegungen gibt. Kriege, Hungersnöte, der Wunsch nach einem besseren Leben in einer scheinbar besseren Welt und zunehmend auch Klimaveränderungen, die die Heimat von unzähligen Menschen unbewohnbar machen. Auch das ist eine Folge des Klimawandels. Und sie wird sich in den kommenden Jahren und Jahrzehnten eher noch verstärken. Wir haben gelernt, dass diese Fluchtbewegungen, wenn sie einmal Fahrt aufgenommen haben, nahezu unmöglich zu steuern sind. Die Bilder von Tausenden Familien, die bei Wind und Wetter vor geschlossenen Grenzen standen, werde ich nie mehr vergessen. Eine Hausaufgabe aus diesem Jahr ist es also, Fluchtursachen zu bekämpfen. Das hört man schließlich auch immer wieder seitens der Politik. Diese Aufgaben haben wir aber bisher nicht zufriedenstellend gelöst, da müsste weltweit noch mehr passieren. Viel mehr.

Auf der anderen Seite haben wir 2015 aber auch gesehen, wie unglaublich hilfsbereit die Menschen hier waren. Und

> **Den von den Medien benutzten Begriff ‚Flüchtlingskrise' mag ich allerdings noch immer nicht. Wenn überhaupt, war es eine Krise für die Geflüchteten und nicht eine von ihnen verursacht.**

wie an ganz vielen Orten sehr unbürokratisch und flexibel auf die Not der Geflüchteten reagiert wurde. Von Privatpersonen, Ehrenamtlern, Kirchgemeinden und Vereinen. Und ich finde, dass wir darauf sehr stolz sein dürfen. Ohne dieses private Engagement – egal ob von Einzelnen oder durch Organisationen – hätten wir es nicht geschafft."

Waffenschmidt steht auf und stellt sich an die nur noch schwach glühende Feuerstelle. Plöger bleibt sitzen, dreht aber seinen Stuhl in die gleiche Richtung, damit der *World Vision*-Chef nicht in seinem Rücken weiterreden muss.

„Seitdem hat sich die Lage aber nicht wirklich verbessert. Noch immer sind die diversen Hilfsschiffe unterwegs, um unzählige Menschen vor dem Ertrinken im Mittelmeer zu retten, noch immer gibt es Flüchtlingslager in Griechenland, in denen unhaltbare Zustände herrschen. Ich war letztes Jahr auf Lesbos, weil ich mit eigenen Augen sehen wollte, wie es den Menschen im Lager Moria geht. Sven, das war erschütternd! Zu diesem Zeitpunkt lebten in dem Camp und in unmittelbarer Umgebung rund 20.000 Menschen. Ausgelegt war es für 3.000 Personen. Etwa vierzig Prozent der dort lebenden Menschen sind unter achtzehn Jahre alt, rund 1.000 davon waren unbegleitete Kinder. Sie hausten unter Plastikplanen, schliefen auf dem Boden, die hygienischen Verhältnisse sind bei solch einer Überbelegung natürlich katastrophal. Es gibt Gewalt und Missbrauch, unter dem vor allen Dingen die schutzlosen jungen Mädchen zu leiden haben.

In meinen mittlerweile über 13 Jahren bei *World Vision* habe ich zahlreiche Flüchtlingslager gesehen. Wir haben ja schon über die Lebensbedingungen der geflüchteten Menschen im Norden Ugandas gesprochen. Oder ich denke an die syrischen Familien und besonders an die Kinder, die in den Nachbarländern wie Jordanien und Libanon Aufnahme gefunden haben. Nirgendwo war die Situation so unwürdig und inhuman wie im Lager Moria auf Lesbos. Wir haben in unserem letzten Gespräch noch über die SDGs gesprochen, die allen Menschen ein lebenswertes Leben ermöglichen sollen. Lesbos ist ein Teil Europas. Die Insel liegt zwar ganz am Rande der Europäischen Union, du kannst die türkische Küste sehen, sie ist nur wenige Kilometer entfernt. Aber was dort passiert, missachtet den Kern Europas, die Werte, auf dem unsere kontinentale Union aufgebaut ist. Mir haben der Besuch und die Begegnungen das Herz gebrochen."

Immer wieder muss Waffenschmidt beim Erzählen schlucken, ganz so, als könne er seine Erlebnisse in dem Camp nicht begreifen. Der sonst so humorvolle Unterton in seiner Stimme ist verschwunden. Es gibt Sachen, da versagt sogar der oft notwendige Galgenhumor. Sein Freund sitzt schweigend neben ihm. Auch ihm fehlen die Worte. Natürlich haben die Medien immer wieder auf die Zustände in dem Lager hingewiesen. Davon aber so direkt aus erster Hand zu hören, hat noch einmal eine ganz andere Wirkung. Das Schweigen dauert ein paar Minuten, jeder der beiden hängt seinen Gedanken nach, schaut in die Glutreste, atmet hin und wieder hörbar tiefer aus.

Irgendwann fährt Waffenschmidt fort: „Als Organisation sind wir dort nicht selbst in Hilfsprojekte eingebunden, wir unterstützen punktuell über Partner. Aber wir haben seit meinem Besuch dort sehr viel Öffentlichkeitsarbeit gemacht, viele Gespräche mit politischen Entscheiderinnen und Entscheidern geführt und deutliche Forderungen aufgestellt, dass Deutschland in dieser humanitären Katastrophe klare Kante, sprich, sein freundliches Angesicht zeigt und sich nicht von der Verweigerungshaltung anderer europäischer Länder beeindrucken lässt. Europäische Lösung hin oder her, auch jetzt sitzen noch viele Tausende Menschen auf den ägäischen Inseln fest und wissen nicht, wie ihnen geschieht. Wir schaffen Plattformen, dass ihre Stimmen gehört werden. Deutschland hat auch tatsächlich gehandelt und von den Ländern in Europa bei weitem die meisten Kinder aufgenommen. Das war richtig, aber Deutschland und natürlich auch viele andere EU-Mitgliedsstaaten können noch mehr tun."

Waffenschmidt geht zur Terrasse, kommt nach ein paar Augenblicken mit zwei Getränken zurück, öffnet sie und reicht eines davon wortlos seinem Freund. „Dieser inhaltliche Schlenker war mir jetzt wichtig, denn bei allem Optimismus, den wir verbreiten wollen und mit unseren vielen guten Beispielen auch können, gibt es immer noch himmelschreiende Ungerechtigkeiten. Auch in unserem scheinbar so zivilisierten Europa. Da muss unser Motto „Besser machen" ein lauter und wütender Apell sein, den wir den Regierenden ins Hausaufgabenheft schreiben."

# WAS CHINAFLIESEN MIT BILLIGZWIEBELN ZU TUN HABEN: DAS PROBLEM DES GLOBALEN HANDELS

Jetzt ergreift der Meteorologe wieder das Wort: „Und du hast ja eben schön zusammengefasst, dass wir hier im reichen globalen Norden durchaus für einen großen Teil der Fluchtbewegungen verantwortlich sind. Regionale Kriege werden wir sicherlich nicht immer verhindern können, auch bei den bereits jetzt auftretenden Extremwetterlagen können wir bestenfalls die Folgen bekämpfen, etwa durch Aufforstung. Aber ein ganz starker Motor der Flucht ist ja nach wie vor die wirklich große Armut. Und daran tragen wir – und zwar wir im Sinne von ‚der reiche, globale Norden‘ – durchaus einen Teil der Schuld. Einfach, weil wir systemisch einen fairen Handel erschweren beziehungsweise sogar unmöglich machen. Ich versuche mal, dir anhand von zwei Beispielen zu zeigen, wie Freihandelsabkommen und Protektionismus dazu führen, dass wenig entwickelte Länder auf dem Weltmarkt oft das Nachsehen haben.

Schauen wir mal zum Mega-Wachstumsland China. Dort können Wand-, Boden- oder Terrassenfliesen sehr günstig hergestellt werden. Die Material- und die Personalkosten sind sehr niedrig. Durch hohe Zölle auf diese Produkte schützt die EU nun ihren Binnenmarkt davor, von billigen Chinafliesen überschwemmt zu werden. Die hiesigen Fliesenhersteller wären einfach zu teuer, hätten keine Chance mehr auf dem Markt und würden schlicht nicht überleben können. Als Folge würden unzählige Arbeitsplätze in diesem Bereich zunichte gemacht. Ein staatliches Eingreifen in einen freien Markt macht also durchaus Sinn, denn dieser Protektionismus verhindert oder steuert zumindest solche Entwicklungen und schützt damit unseren Wohlstand. Denn machen wir uns nichts vor: Gäbe es das nicht, so würde jegliche Produktion auf der Welt immer dorthin gelangen, wo die Preise, aus welchem Grund auch immer – meist ist es die Ausbeutung von Natur oder Menschen – besonders niedrig sind. Hätten wir es aber auf der anderen Seite nur mit Protektionismus zu tun, so käme der Welthandel zum Erliegen, was die Wirtschaft in Gänze massiv schwächen würde. Wie so oft, ist auch hier das richtige Maß gefragt.

Nun ein anderes Beispiel: In Kamerun liebt die Bevölkerung Zwiebeln, sie gehören reichlich in jedes leckere Gericht und man schreibt ihnen zudem eine gesunderhaltende Wirkung zu. Im Land können Bauern, die sich zusammentun, in angemessenem Umfang Zwiebeln anbauen und auf den Märkten verkaufen. Reich wird man damit sicherlich nicht, aber es genügt für ein bescheidenes Auskommen großer Teile der Bevölkerung.

Nun passiert folgendes: Die EU wirft dank der subventionierten Überproduktion haufenweise billigste Zwiebeln auf den Weltmarkt, die auch Kamerun erreichen. Die vor Ort angebaute Zwiebel ist im Vergleich dazu freilich viel zu teuer und die Bauern bleiben auf ihrer Ware sitzen. Sie können kein Geld mehr verdienen und verlieren ihre Arbeit – und das in einem Land, wo es kaum soziale Absicherung gibt.

Was wäre in Analogie zur Fliesengeschichte die logische Folge? Die Kameruner müssten sich nun durch hohe Zölle vor der EU-Zwiebel schützen, um den eigenen Markt am Leben zu erhalten. Und genau hier ist der große Haken, namentlich *Economic Partnership Agreement*, kurz EPA oder auf Deutsch das buchstabenreiche Wort ‚Wirtschaftspartnerschaftsabkommen‘. Dieses schafft Freiräume für die afrikanischen Staaten, verhindert aber auch, dass Länder wie Kamerun zusätzliche Zölle erheben dürfen, so wie wir es gegenüber China tun, um uns zu schützen. Arbeitslose Bauern denken infolgedessen darüber nach, wie sie sich und ihre Familien durchbringen können, und wer soll ihnen nun verdenken, dass sie versuchen, ins vermeintlich rettende Europa zu flüchten.

Ein außerirdischer Beobachter würde schnell erkennen, wie kurios menschliches Verhalten ist.

---

**Da beraubt Europa viele Afrikaner ihrer wirtschaftlichen Grundlagen – und wundert sich dann, dass es zu massiven Fluchtbewegungen kommt. Absurd. Und wenn wir diese Regeln nicht korrigieren, kommt es weiterhin zu Protesten gegen Menschen, die ihr Leben**

**auf Spiel setzen, um aus ihrer ausweglosen Situation zu fliehen. An dieser Stelle sei ausdrücklich darauf hingewiesen, dass es natürlich auch hierunter einige wenige Menschen mit betrügerischen Absichten gibt, die sich den Zugang zu Europa unrechtmäßig erschleichen möchten.**

Eine Ursache des Problems sind auch die europäischen Mühlen, die bei der Ausarbeitung solcher Abkommen nicht nur langsam, sondern in Superzeitlupe arbeiten. So sind die EPA-Abkommen auf einem Verhandlungsweg über viele Jahrzehnte seit der Entkolonialisierung entstanden. Später wollte die EU mit ihrer Handelspolitik vor allem Ziele der europäischen Entwicklungszusammenarbeit fördern, mit der Verschärfung des Wettbewerbs um kostbare afrikanische Rohstoffe wurden die Verhandlungen durch diverse Interessen aber immer zäher und zugleich druckvoller. Ein entscheidender Punkt bei diesem Abkommen war dann, dass die ‚Partnerstaaten‘ eben keine zusätzlichen Ausfuhr- und Schutzzölle erheben dürfen – im Gegenzug zum freien Zugang zum europäischen Markt. Aber dort sind die Länder des globalen Südens oft kaum konkurrenzfähig. Hier werden die Probleme offensichtlich, die sich ergeben, wenn ungleiche Partner zusammen agieren sollen.“

„Ja, das sind wirklich komplexe Zusammenhänge. Zollfreiheit schafft ja grundsätzlich Spielraum und kann eine unheimlich große Dynamik entfalten, zum Segen der Beteiligten auf vielen Seiten. Der große europäische Binnenmarkt ist ein tolles Beispiel dafür. Allerdings sind die Ausgangsbedingungen in der Relation afrikanischer und europäischer Länder natürlich grundverschieden. Echte tragende und wirksame Entwicklung in den Ländern des globalen Südens braucht auf jeden Fall eine wirtschaftliche Dynamik und Nachhaltigkeit. Nicht umsonst ist der Begriff der Nachhaltigkeit auch im Ursprung ein wirtschaftlicher; wenn ich es richtig im Kopf habe, kommt er aus der Forstwirtschaft. Das bedarf der Investitions- und Aufbauunterstützung. So ähnlich, wie Deutschland nach dem Zweiten Weltkrieg mit dem Marshallplan deutlich unter die Arme gegriffen wurde. Fairtrade-Produkte sind zudem als marktreife und nachgefragte Erzeugnisse, die wichtige soziale und ökologische Standards einhalten, mehr denn je gefragt. Das zeigt ja zum Beispiel der stetig wachsende Anteil an fair gehandelten Waren, die es inzwischen ebenfalls in jedem Supermarkt zu kaufen gibt. 2018 wurden deutschlandweit Fairtrade-Produkte im Wert von rund 1,6 Milliarden Euro verkauft. Offensichtlich sind die Verbraucher durchaus bereit, für fair gehandelte Produkte ein paar Cent mehr auszugeben."

**Infobox Freihandel und Fairtrade**

*Unter Freihandel versteht man den unregulierten Handel mit Waren und Dienstleistungen zwischen verschiedenen Staaten, die auf repressive Außenhandelsinstrumente wie Importzölle oder Mengenregulierungen verzichten. Der so entstehende Markt soll – so die Theorie – allen beteiligten Akteuren mehr*

Wohlstand und Wachstum garantieren. Motor dabei ist das Verhältnis von Angebot und Nachfrage sowie die Konkurrenz der Hersteller um beispielsweise das beste oder das günstigste Produkt. Kritiker weisen jedoch darauf hin, dass die Theorie an der Wirklichkeit scheitert, weil die verschiedenen Akteure nicht mit den gleichen Voraussetzungen am Markt vertreten sind, sodass die wirtschaftlich potenteren Nationen deutlich stärker vom Freihandel profitieren als die schwächeren Teilnehmer.

Dem freien Handel steht das Konzept des Fairtrade gegenüber, das Mitte des vergangenen Jahrhunderts in Nordamerika entwickelt wurde. Es setzt sich für einen gerechteren und kontrollierten Außenhandel ein, in dem alle Handelspartner als gleichwertig angesehen werden. Über Mindestpreise soll den Produzenten in wirtschaftlich schwächeren Ländern ein verlässliches Einkommen garantiert werden, das zu einer nachhaltigen Verbesserung der Lebenssituation vor Ort führen soll. Weitere „faire" Ansätze, sind beispielsweise gewisse Umwelt- oder Sozialstandards, die bessere Arbeitsbedingungen, die Gleichberechtigung von Frauen oder einen nachhaltigeren Umgang mit Ressourcen schaffen sollen. Verschiedene Siegel informieren die Käufer, dass es sich um ein Fairtrade-Produkt handelt, sodass sie die in der Regel etwas teureren Preise besser einordnen können.

# DAS SHIFTPHONE: NACHHALTIGE IDEE AUS DEUTSCHLAND

Inzwischen ist es dunkel geworden. Ein paar Solarleuchten werfen kleine Lichtinseln auf den Tisch, in der Salatschüssel liegen traurig-schlapp letzte Rucolablätter in einem Dressingpfützchen, ein übrig gebliebenes Würstchen schrumpelt vor sich hin. Grillabende enden immer gleich. Vom Rasen kriecht die feuchte Abendkälte an den Beinen der beiden Männer hoch. Zeit für einen Standortwechsel, hinein ins wärmere Wohnzimmer der Gastgeberin.

Waffenschmidt trägt nun wieder FFP2, steht am bodentiefen Panoramafenster, wärmt sich die Hände an einer Tasse mit heißem Tee und lässt seinen Blick in den Garten fallen, wo sie eben noch saßen. Plöger hat es sich auf dem Sofa gemütlich gemacht, nippt an einem Espresso und checkt kurz seine Mails am Smartphone. Nach ein paar Minuten sind die beiden wieder aufgewärmt und startklar für die nächste Runde im Dialog, die von Waffenschmidt eröffnet wird. Trotz der Pause schließt er nahtlos an seine Ausführungen an.

„Die Intransparenz im globalen Handel zieht sich ja leider durch nahezu alle Produktionsschritte. Das macht es für interessierte Verbraucher ziemlich schwer, sich zu informieren. Und da fehlt es auch noch an einem Bewusstsein. Klar, wir haben den Fairtrade-Kaffee oder -Tee im Hinterkopf, wenn wir durch den Supermarkt gehen, aber ich habe manchmal das Gefühl, dass sich dieses Bewusstsein komplett auflöst, sobald wir andere Produkte kaufen wollen. Mal ehrlich, Sven, stehen Faktoren wie Fairness und nachhaltige Produktion auf deiner Checkliste, wenn du dich nach einem neuen Smartphone umsiehst? Nach einem neuen Fernseher? Oder einer neuen Jeans? Das haben wir – oder zumindest viele von uns – einfach nicht auf dem Schirm. Im Gegenteil, da wird ganz schön viel verdrängt. Die Berichte über die unhaltbaren Produktionsbedingungen des iPhones in China sind noch nicht so alt. Was folgte, waren die üblichen Versprechen des Unternehmens, zukünftig noch stärker auf das Wohl der Mitarbeiter zu achten. Und dann ging es zurück zum Tagesgeschäft. Die Verbraucher haben solche Enthüllungen auch nicht in nennenswerter Weise abgeschreckt. Man kauft weiterhin bei Apple, Samsung und Co. Vielleicht mit einem etwas schlechteren Gewissen, aber vom schlechten Gewissen allein ändert sich ja noch nichts.

Wenn wir also an unserer Prämisse festhalten wollen,

> **Klar, wir haben den Fairtrade-Kaffee oder -Tee im Hinterkopf, wenn wir durch den Supermarkt gehen, aber ich habe manchmal das Gefühl, dass sich dieses Bewusstsein komplett auflöst, sobald wir andere Produkte kaufen wollen.**

gute Beispiele zu sammeln, die zeigen, dass man vieles besser machen kann, dann müssen wir im Bereich Handel feststellen, dass es hier noch viel zu tun gibt. Ja, Fairtrade ist ein Wachstumsmarkt, und im Lebensmittelbereich läuft es auch schon gut, aber alles in allem ist da auch noch viel Luft nach oben."

„Das ist wirklich nicht transparent. Und insbesondere die ganzen ausgedienten Handys, Tablets und Laptops sind ja vollgestopft mit Wertstoffen, die man recyclen kann. Silber, Gold, Palladium, Kobalt und einige der oft genannten seltenen Erden. Allesamt Stoffe, die weit weg von uns unter teilweise absurd unmenschlichen Bedingungen abgebaut werden", wirft Sven Plöger ein. „Und selbst die Recyclingversprechen der Hersteller sind vielfach nicht viel mehr als schöne PR-Artikel, um dem Unternehmen einen grünen, nachhaltigen Anstrich zu verpassen.

Du weißt bestimmt, was mit vielen unserer Elektrogeräte passiert, wenn wir sie aussortieren und ins Recycling geben, um unser Gewissen zu beruhigen: Sie werden als Second-Hand-Ware deklariert und containerweise nach Ghana verschifft. Ein Teil landet wirklich bei Wiederverkäufern und wird weiter genutzt, der andere Teil wird über Mittelsmänner und Verwerter hin- und hergeschoben und landet letztendlich in einem Vorort der Hauptstadt Accra namens Agbogbloshie. Dort befindet sich die größte Elektroschrott-Müllhalde Afrikas. Da türmen sich Berge von alten Fernsehern, Computern, Handys. Und um an die kostbaren Edelmetalle zu kommen, die in den defekten Akkus, Chips und Platinen verbaut sind, kommen jetzt die Ärmsten der Armen ins Spiel. Viele Kinder und Jugendliche verdienen sich ein paar Cent, indem sie den ganzen Müll erst einmal anzünden, damit Kunststoffummantelungen, Isolationsmaterial oder Kleber wegbrennen und die wertvollen Metalle freigeben. Aber was passiert, wenn man solche Verbundstoffe unkontrolliert verbrennt? Es entstehen hochgiftige Dämpfe, in denen die jungen Menschen tagaus, tagein stehen und sich ihre Gesundheit ruinieren.

Das ist die Kehrseite unseres Konsumverhaltens. Und das wiederum wird ja von den großen Herstellern ganz massiv gesteuert. Festverbaute Akkus, die nach zwei Jahren ein Handy unbenutzbar machen, obwohl es ansonsten technisch völlig okay ist, Software-Updates, die nur für aktuelle Geräte ausgeliefert werden, immer kürzere Gerätezyklen, die dem Verbraucher suggerieren, sein vor acht Monaten gekauftes Tablet wäre veraltet. Da müssen Kunden und Politik gemeinsam viel mehr Druck ausüben."

Waffenschmidt nickt zustimmend, er nimmt einen letzten Schluck Tee und setzt sich zu Plöger aufs Sofa.

„Es gibt ja durchaus alternative Hersteller, insbesondere bei Smartphone, Computer und Tablet, die versuchen, nachhaltiger zu produzieren, weniger Rohstoffe zu vernichten und die Geräte langlebiger zu designen. Gar nicht weit weg von hier, auch in Hessen, sitzt das Familienunternehmen *Shift* der Brüder Carsten und Samuel Waldeck. Mit dem *Shiftphone* verfolgen die beiden einen nachhaltigeren Ansatz. Statt eines Ladegerätes, von denen man ja meist eh schon eine ganze Anzahl in irgendwelchen Schubladen liegen hat, wird den Geräten ein Schraubendreher beigelegt. Sie sind nämlich komplett modular konstruiert und können vom Nutzer in ihre Einzelteile zerlegt werden. Der Austausch eines zersprungenen Displays ist kein Problem, ein neuer Akku lässt sich ebenfalls mit wenigen Handgriffen einsetzen. Auch der Speicher ist bei Bedarf erweiterbar. Ein wesentlicher strategischer Punkt des Unternehmens ist die dezidierte Transparenz des Produktionszyklus. Sie veröffentlichen bis in die dritte Ebene des Prozesses die Hersteller und die Lieferkette. Das kann man auf ihrer Internetseite sehr schön nachvollziehen. Und nicht nur das, sie veröffentlichen auch einen Wirkungsbericht, weil ihnen die ökologische und soziale Nachhaltigkeit wichtiger sind als finanzieller Mehrwert. Der Sinn ist der Gewinn! Und weil es ja immer für alles einen Namen gibt: *Purpose Economy* nennen es die Gelehrten.

**Infobox Purpose Economy**

Der Begriff „Purpose Economy" wurde erstmals 2014 durch das gleichnamige Buch von Aaron Hurst einer breiten Öffentlichkeit vorgestellt. Der Ökonomiepsychologe und Gründer des Netzwerks *Taproot Foundation*, das Nonprofit-Organisationen mit ehrenamtlich tätigen Experten aus verschiedensten Bereichen verbindet, sieht in der *Purpose Economy* einen tiefgreifenden Wandel der Wirtschaft. Weg vom „klassischen" Businessmodell, das Konsum, Profit und Gewinnstreben in den Mittelpunkt stellt, hin zu einem sinnhafteren Handeln, das die ökologische und soziale Nachhaltigkeit ins Zentrum aller unternehmerischen Bemühungen rückt.

Bei der *Purpose Economy* geht es also um Werte, um sinnhaftes Handeln und um eine unternehmerische Haltung. Für Kunden und Arbeitsnehmer wird es immer wichtiger, wie ein Unternehmen sich in Fragen der Nachhaltigkeit, des Klimawandels oder bei sozialen Themen wie Diversität oder Geschlechtergerechtigkeit positioniert. Setzen sich Firmen aktiv mit diesen Themen auseinander und implementieren sie in die eigene Unternehmenskultur, haben sie einen Marktvorteil mit ihren Produkten – weil Kunden diese Haltung unterstützen. Und sie haben einen Vorteil im Kampf um junge, talentierte Mitarbeiter, für die solche scheinbar „weichen", sozialen Faktoren häufig entscheidend bei der Arbeitgeberwahl sind.

Diese Entwicklung ist mehr als ein soziales Feigenblatt für gewinnorientierte Unternehmen. So setzt sich die in Deutschland gegründete *Purpose*-Stiftung dafür ein, dass neue Gesellschaftsformen für Unternehmen gesetzlich verankert werden. Unter dem Stichwort „Verantwortungseigentum" sollen zukünftig „Gesellschaften mit gebundenem Vermögen" entstehen, deren Gewinne ins Unternehmen zurückfließen müssen und die nicht meistbietend verkauft werden können. Anders als bei klassischen Familienunternehmen ist das Geschäftsvermögen also nicht „genetisch" an einen Unternehmer gekoppelt, sondern ans Unternehmen selbst.

Die weit verbreitete Ganz-oder-Gar-nicht-Haltung ist meiner Meinung nach oft ein echtes Hindernis, wenn es ums Bessermachen geht.

---

**Es ist doch ziemlich einfältig, ein Unternehmen, eine Organisation oder einen Dienstleister nicht zu unterstützen, weil er vielleicht nicht alles zu hundert Prozent perfekt macht, und stattdessen weiterhin bei jenen Akteuren zu bleiben, die offensichtlich viel mehr falsch machen, aber die man seit Jahren kennt.**

---

Das hatten wir bereits bei unserem letzten Treffen: Einfach mal machen, ausprobieren. Natürlich passieren dabei auch Fehler. Aber nur dadurch werden wir weiterkommen.

Darauf zu hoffen, dass irgendwann das perfekte, ultimativ nachhaltige und bis ins kleinste Detail transparent produzierte Smartphone nahezu aus dem Nichts auf den Markt kommt, ist mir zu passiv. Zu träge. Die Waldeck-Brüder passen deswegen hervorragend in unseren schönen Dialog, weil sie im Rahmen der Möglichkeiten versuchen, positive Veränderungen hervorzubringen. Das ist absolut unterstützenswert. Die beiden haben nicht auf das Lieferkettengesetz gewartet. Die haben einfach gemacht."

Plöger steht auf, geht kurz in die Küche, zieht sich am Vollautomaten einen weiteren Espresso und setzt sich wieder aufs Sofa. Es folgt ein freundschaftlicher Schlagabtausch über die Vor- und Nachteile sowie die persönlichen Geschmackspräferenzen bezüglich Kaffee und Tee, der ohne erzielte Einigung jedoch ergebnisoffen vertagt wird.

Waffenschmidt fährt fort: Und mittlerweile hat der Deutsche Bundestag das Lieferkettengesetz tatsächlich verabschiedet. Mit diesem Gesetz werden deutsche Unternehmen, die im Ausland ihre Waren, Halbfabrikate und Zwischenprodukte herstellen, dazu verpflichtet, gewisse Standards bezüglich Umweltverträglichkeit und Arbeitsbedingungen einzuhalten. Sie stehen dann in der direkten Verantwortung. Ich meine mich zu erinnern, dass Apple seinerzeit auch zuerst versucht hat, die Verantwortung auf ihren Zulieferer Foxconn abzuwälzen, in dessen Fabriken die Montagearbeiter reihenweise Selbstmord begingen.

Es gab ein langes Tauziehen um die Inhalte des Gesetzes. Aber jetzt hat es Rechtskraft. Es passiert etwas. Langsam, wenn man bedenkt, dass die Einführung eines solchen Gesetzes bereits im Koalitionsvertrag von 2018 festgeschrieben wurde. Aber wir wollen ja nicht nörgeln, sondern die Veränderungen herausstellen. Und es sind Veränderungen in die richtige Richtung, denn es wird ein ganz klares Signal gesendet. Ihr seid verantwortlich! Kümmert euch auch ordentlich um diejenigen, die eure Gewinne erst möglich machen! Und kümmert euch um Nachhaltigkeit! Um Ressourcen! Ums Klima!"

„Ich merke schon, lieber Christoph, tief in deinem Herzen bist du immer noch Politiker geblieben. Du warst doch sogar mal Bürgermeister, oder?", fragt Plöger seinen Freund leicht amüsiert.

„Das ist zwar schon richtig lange her, aber ja. Von 1999 bis 2008 war ich in meiner Heimatstadt Waldbröl im schönen Oberbergischen Land Bürgermeister. Die wunderbare, lebensnahe Kommunalpolitik, in der du mit ganz vielen praktischen Alltagsthemen befasst bist. Das war eine fantastische Aufgabe. Auch wenn ich durch meinen Wechsel zu *World Vision* aus Waldbröl weggezogen bin, ist meine Heimat doch tief in meinem Herzen verwurzelt. Als Bürgermeister arbeitest du ja daran, tragfähige Strukturen für deine Stadt zu errichten, zu erhalten und auszubauen, damit sie lebenswert ist und die Bürgerinnen und Bürger da gerne wohnen. In vielen unserer Projekte leisten wir mit *World Vision* eine ähnliche Arbeit und geben damit den Kindern eine Zukunft in ihrer eigenen Heimat. Eine ganze Menge von dem, was ich als Bürgermeister in der lokalen Kommunalpolitik getan und gelernt habe, hilft mir auch heute in meiner Verantwortung mit globaler Reichweite. Damals war ich mit 29 Jahren der jüngste Bürgermeister in NRW. Das war schon toll, als so junger Kerl diese Verantwortung zu übernehmen. Übrigens kann ich einen Besuch in Waldbröl nur empfehlen. Es gibt zum Beispiel einen wunderbaren Baumwipfelpfad, der sich durch die Spitzen der Bäume schlängelt und von dem aus man eine fantastische Sicht hat. Ganz tolles touristisches Ziel!"

Plöger schaut auf seine Armbanduhr, nach kurzem Check der Bahn-App gibt er aber Entwarnung: Es bleibt noch ausreichend Zeit für ein, zwei, drei Themen.

**Infobox Nachhaltige Unterhaltungs- und Kommunikationselektronik**

*Im Gegensatz zu Nahrungs- beziehungsweise Genussmitteln wie Kaffee und Tee oder zum Bekleidungsbereich, gibt es in der Elektronikbranche keine verbraucherfreundlichen Siegel oder Standards, die kennzeichnen, ob ein Gerät besonders nachhaltig produziert wurde. Es gibt Ansätze einzelner Hersteller, die versuchen, ihre Produkte nachhaltiger zu konzipieren und zu produzieren – etwa durch den Einsatz recycelter Materialien für Gehäuse, durch die Möglichkeit, die Geräte unkompliziert reparieren zu können oder durch den Nachweis besonders guter Arbeitsbedingungen – diese konnten sich aber bisher nicht auf dem Massenmarkt durchsetzen. Verbraucher, die auf der Suche nach nachhaltiger Elektronik sind, haben kaum Möglichkeiten, sich umfassend zu informieren, und finden nicht in allen Bereichen wirklich nachhaltige Geräte. Dieser Mangel hat gleich mehrere Gründe:*

*1. Die komplexe Elektronik der Geräte besteht aus einer Vielzahl von Rohstoffen, deren Abbau in einigen Ländern des globalen Südens mit einer großen Umweltzerstörung einhergeht. So besitzt die Demokratische Republik Kongo, eines der ärmsten Länder der Welt, etwa die Hälfte des gesamten globalen Kobaltvorkommens – ein Rohstoff, der bei der Herstellung* von Akkus für Elektronikgeräte, aber auch für Elektroautos benötigt wird. Um die große Nachfrage am Weltmarkt bedienen zu können, wird das unscheinbare grau-silbrige Metall in unzähligen nicht kontrollierten Minen gefördert.

2. Der Elektronikmarkt ist hart umkämpft, insbesondere im Mittelklasse- und Budget-Bereich. Für den Kunden spielt der Preis eine große Rolle bei seiner Kaufentscheidung. Da eine nachhaltigere Produktion – soweit es möglich ist – in der Regel einen höheren Endpreis zur Folge hat, haben es Anbieter wie Shiftphone schwer und besetzen nach wie vor nur eine kleine Nische. Aber sie holen auch beim Preis auf, sprich, auch sie können durch höhere Absatzzahlen günstigere Preise anbieten.

3. Konstruktionsbedingt lassen sich einige Stoffe nicht ohne weiteres ersetzen. Versuche, eine kompostierbare Smartphonehülle zu entwickeln, scheiterten zum Beispiel daran, dass es keinen geeigneten Kleber gab.

4. Nachhaltige Geräte zeichnen sich auch durch eine längere Lebensdauer aus. Insbesondere bei Smartphones und anderen Geräten, die mit Googles Betriebssystem Android arbeiten, steht die Updatepolitik des IT-Unternehmens aus Kalifornien allerdings

einer langjährigen Nutzung im Weg. Ältere Geräte werden vielfach nicht unterstützt, Sicherheitslücken werden nicht geschlossen, Funktionen können nicht mehr genutzt werden.

5. Die technische Entwicklung schreitet zu schnell voran. Die Leistung von Chips, die Speicherkapazitäten, die Qualität von Fotoaufnahmen steigern sich rapide. Der Funktionsumfang von High-End-Geräten ist innerhalb weniger Monate nur noch Standard.

# DER STURM VOR UNSERER HAUSTÜR: MEDICANES IM MITTELMEER

Waffenschmidt lehnt sich entspannt auf dem Sofa zurück, verschränkt einmal mehr die Arme hinter seinem Kopf, und weiter geht es im Dialog der beiden Freunde. „Einen kurzen Zwischengedanken möchte ich noch einwerfen, bevor wir dann wirklich einmal über Europa und Deutschland reden müssen. Da bist du dann wieder als Wetter- und Klimaexperte gefragt. Wir haben ja gerade auf die Problematik bei der Produktion von Smartphones und Computern hingewiesen und wie schwierig, ja nahezu unmöglich es ist, ökologisch und/oder" – die letzten beiden Wörter gehen bei ihm fließend ineinander über, ganz so, als gehörten sie auf natürliche Art und Weise zusammen – „sozial produzierte Produkte auf dem Markt zu bekommen. Findet man in den großen Elektronikkaufhäusern auf jeden Fall eher selten.

Trotzdem will ich keinesfalls die technologischen Fortschritte der vergangenen zehn, fünfzehn, zwanzig Jahre verteufeln, technikfeindlich wirken oder gar in ein verklärtes ‚Früher-war-alles-besser-Lamentieren‘ kommen. Auf keinen Fall. Ganz im Gegenteil. Die Digitalisierung, das mobile Internet, all die Möglichkeiten, die wir längst noch nicht komplett ausgeschöpft haben, sind ein großer Segen. Denn ich glaube, bei der Lösung unserer gegenwärtigen Klimaprobleme werden digitale, ‚smarte‘ Ansätze eine wichtige Rolle spielen. Vielleicht werden uns sogar irgendwann in ein paar Jahren künstliche Intelligenz und irgendwelche Algorithmen aus der Patsche helfen. Und man sah es im vergangenen Pandemiejahr doch recht eindeutig: Auf einmal gehörten überall Videokonferenzen zum ganz normalen Arbeitsalltag. Was da an Individualverkehr eingespart wurde, wie viele nicht zwingend nötige Dienstreisen ersetzt wurden, das ist ein echter Fortschritt. Natürlich nur, solange wir nicht aus den Augen verlieren, dass auch das Internet durch all die Serverfarmen und Rechenzentren weltweit ein enormer Stromfresser ist. Zurzeit ist es nur etwa ein Prozent des globalen Energiebedarfs, der für all die digitalen Dienste benötigt wird. Experten schätzen allerdings, dass sich der Bedarf bis zum Jahr 2030 auf mehr als zehn Prozent erhöhen wird. Da müssen wir also aufpassen und nach Wegen schauen, wie wir den Stromverbrauch senken können.“

Plöger nickt zustimmend und spiegelt die Körperhaltung seines Nebenmannes. Jetzt sitzen beide zurückgelehnt auf dem Sofa, die Arme hinterm Kopf. Sich-Gedankenmacher bei der Arbeit.

> **Das ist ja, so seltsam das auf den ersten Blick klingen mag, das Gute an dieser pandemischen Situation der vergangenen Monate: Uns wurden von einem mikroskopisch kleinen Virus gnadenlos die Schwachstellen in unserer Gesellschaft, in der Arbeitswelt, im Gesundheits- und Bildungswesen aufgezeigt.**

Und einige davon konnten wir erstaunlich leichtfüßig aus der Welt schaffen. In anderen Bereichen müssen wir sicherlich im Nachgang der Pandemie noch viel Aufarbeitung leisten und gucken, wie wir zukünftige Krisen besser meistern können.

Aber insgesamt kann uns das durchaus Mut für die Aufgaben in der weltweiten Entwicklung machen. Wir können ganz schön viel schaffen und es in vielen Bereichen besser machen. Und was dieses ‚Früher war alles besser'-Argument angeht: Ich hätte nicht vor dreihundert Jahren leben wollen. Wir haben heute Krankheiten im Griff, die bis vor wenigen Jahren noch den sicheren Tod bedeutet haben, unsere Lebenserwartung ist so hoch wie nie zuvor, weltweit geht die Armut massiv zurück."

Plöger verfällt in einen rheinischen Slang: „Und unsa jeliebta Rhein, näch, der is so sauber, da hättste in den Achtzigerjahren nichma von zu träumen jewagt. Also ernsthaft, ganz rational betrachtet war früher eigentlich nichts wirklich besser. Arbeitszeiten, Bildungschancen, Gesundheitsversorgung, das Einkommensniveau. Da können wir schon froh sein, in der heutigen Zeit zu leben. Die uns sicherlich vor andere, neue Herausforderungen stellt, aber alles in allem bin ich doch schon sehr froh, nicht ein Alchemist im Jahr 1721 gewesen zu sein. Die Chance, dass ich die Formel gefunden hätte, um Blei in Gold zu verwandeln, ist verschwindend gering. Aber dafür hätte mich wahrscheinlich irgendeine der Chemikalien dahingerafft, mit denen ich gearbeitet hätte. Quecksilbervergiftung oder so."

"Das wäre wirklich ein tragischer Verlust für die Gesellschaft gewesen", neckt Waffenschmidt. "Aber tragisch wäre es auch, wenn wir heute nicht mehr behandeln könnten, was der Klimawandel denn für uns hier im reichen Deutschland bedeutet. Zynischere Menschen als wir könnten argumentieren, dass die Auswirkungen hier in Europa und ganz besonders in Deutschland ja so moderat ausfallen, dass sie in keinem Verhältnis zu dem Aufwand stehen, den wir betreiben, um das globale Klima zu schützen und den Temperaturanstieg aufzuhalten."

**Also ernsthaft, ganz rational betrachtet war früher eigentlich nichts wirklich besser. Arbeitszeiten, Bildungschancen, Gesundheitsversorgung, das Einkommensniveau. Da können wir schon froh sein, in der heutigen Zeit zu leben.**

"Gott sei Dank gibt es nur wenige Menschen, die so egoistisch und ignorant argumentieren", antwortet Plöger. "Aber du hast recht. Das Fatale ist, dass jene Staaten, die sehr viel $CO_2$ emittieren und damit stark das Klima beeinflussen, nicht unbedingt diejenigen sind, die als Erste die Auswirkungen und Folgen ihres Handelns zu spüren bekommen. Wäre es so, hätten wir die Klimakrise wahrscheinlich längst im Griff.

Wir hatten vorhin das Beispiel Russland. Dort merkt man nun vor der eigenen Haustür, wie immens die Folgen der Erderwärmung durch das Auftauen des Permafrostbodens sind, und schon tut sich was. Aber das ist im Vergleich zu anderen Industrienationen fast eine Ausnahme. China, die Vereinigten Staaten und die EU waren lange Zeit sehr zurückhaltend, aber natürlich gibt es auch hier in Europa Auswirkungen der Erderwärmung. Über die zunehmenden Extremwettersituationen habe ich ja schon berichtet. Ein anderes Beispiel, das auch ein wenig zeigt, wie komplex eigentlich unser Wetter funktioniert und dass es auch unabhängig von der Erderwärmung schon gewaltig unseren Lebensraum durcheinanderwirbeln kann, habe ich auch noch für dich. Dazu müsste ich aber etwas weiter ausholen, wenn du erlaubst."

Waffenschmidt gibt sich gönnerhaft: „Darfst du, lieber Sven. Ich will nur nachher keine Klagen hören, wenn du deinen Zug verpasst. Das geht dann auf deine eigene Kappe."

„Ich werde versuchen, eine Balance zwischen der notwendigen Informationsvermittlung und deiner abnehmenden Aufmerksamkeitsspanne zu finden", kontert der Meteorologe und fährt grinsend fort: „Jeder kennt die großen Wirbelstürme, die jedes Jahr vor allem im Atlantik und Pazifik auftreten und die betroffenen Regionen und oft auch unsere Medien in Atem halten. Sie verursachen furchtbare Schäden durch extreme Windböen, hohe Wellen und vor allem unglaubliche Regenmengen mit heftigsten Überflutungen und Schlammlawinen, und sie haben gleichzeitig – wenn man vom Satelliten aus sicherer Entfernung von 36.000 Kilometern Höhe auf sie schaut – eine zweifellos große Ästhetik.

Die riesige Wolkenspirale, deren Durchmesser oft mehr als 1.000, manchmal sogar 1.500 Kilometer beträgt, ist mehr als beeindruckend, und in der Mitte findet man das Highlight des Sturms: sein Auge. Durch absinkende Luftmassen gibt es im Auge des Sturms kaum Wolken, und so wandert, während wir weiterhin auf unserem kleinen Satelliten sitzen, unser Blick fast unweigerlich zu diesem Punkt.

Rund um das Auge geht es aber mächtig ab. Dort sind nicht selten Windgeschwindigkeiten über 250, manchmal sogar weit über 300 Kilometer pro Stunde möglich. Ich wollte das mal selbst spüren und habe es für eine Dokumentation in einem Windkanal ausprobiert. Gott sei Dank war ich gut angebunden, denn bei 216 Kilometern pro Stunde war Schluss, ich konnte mich nicht mehr auf den Beinen halten und der Wind hätte mich ohne mein Halteseil schlicht durch den Windkanal geschleudert, ein schmerzhaftes Versuchsende wäre mir sicher gewesen.

Entscheidend ist, dass der Winddruck, Staudruck genannt, quadratisch wächst. Er ist bei 300 Kilometern pro Stunde also nicht dreimal, sondern drei hoch zwei, also neunmal so stark wie bei 100 Kilometern pro Stunde. Das sind schier unglaubliche Kräfte, die die Luftströmung da entfacht und deshalb sind die Schäden dann so entsetzlich groß.

Im Auge, dem Kern des Sturms – im Atlantik heißt er Hurrikan und im Pazifik Taifun –, ist es hingegen fast windstill. Nur ein paar schwache Böen gibt es in der kurzen Zeit, wo man sich im Auge befindet. Das erlebt man natürlich nur, wenn man zufällig an der ‚richtigen‘ Stelle steht, denn das Auge ist ziemlich klein im Verhältnis zum gesamten Sturm.

Oft hat es nur einen Durchmesser von zwanzig bis bei den größten Stürmen fünfzig Kilometern. Ist es durchgezogen, geht es schlagartig wieder los mit dem heftigen Orkan, nur weht er dann aus der entgegengesetzten Richtung. Hurrikans, Taifune oder Willy-Willies, wie sie – für unsere Ohren fast harmlos nett klingend – in Ozeanien im Umfeld Australiens genannt werden, entstehen über warmem Wasser mit rund 26 oder mehr Grad Celsius, das ihnen gepaart mit der Feuchtigkeit die nötige Energie für ihre Entwicklung liefert. Fehlt diesen Stürmen nun der Feuchtenachschub, etwa wenn sie auf Land treffen – das nennt man aus dem Englischen kommend Landfall –, dann schwächen sie sich schnell ab. Was sie aber nicht daran hindert, weiterhin unermessliche Regenfluten zu hinterlassen.

Wichtig ist für einen Tropensturm auch eine geringe Windgeschwindigkeit in hohen Atmosphärenschichten von etwa zehn Kilometern. Würde es dort wild stürmen, wie es in unseren Breiten oft der Fall ist, dann würde das Sturmsystem sofort verblasen und ‚herumeiern‘ und sein entstehendes Auge verlieren. Interessant auch: Wirbelstürme brauchen, um wirbeln zu können, die sogenannte Corioliskraft, die von der Erddrehung verursacht wird. In einer Zone um den Äquator, etwa vom siebten südlichen bis zum siebten nördlichen Breitengrad, spielt diese aber keine Rolle, und so können hier schlicht keine sich drehenden Sturmsysteme entstehen, wohl aber heftigste Gewitter."

„Also, wenn ich irgendwann einmal beim Jauch auf dem Stuhl sitzen sollte, dann weiß ich auf jeden Fall schon mal, wer mein Telefonjoker sein wird", beschließt Waffenschmidt.

„Dann spielst du aber auch mit hohem Risiko! Eine Frage zu Song- oder Filmnamen und dein Telefonjoker wird zu einer Telefonniete. Ich werde dich um deinen gesamten bis dato erspielten Gewinn bringen, falls die Frage nach dem Sommerhit 2006 kommt oder welcher Kinofilm in Deutschland seit seiner Veröffentlichung die meisten Zuschauer hatte."

„Uh, da wäre ich jetzt aber auch überfragt", sagt Waffenschmidt.

Plöger schüttelt sich kurz lachend und kommt zurück zu seinem Kernkompetenzthema. „Ich glaube da bleiben wir lieber bei den Stürmen. Bei all dieser Naturgewalt, die solche Hurrikane, Taifune oder Willy-Willies darstellen, ist es wahrlich kein Wunder, dass sich Menschen seit jeher vor diesen Stürmen ängstigen. Selbst in der heutigen Zeit, wo wir mit unseren technischen Möglichkeiten oft glauben, alles im Griff zu haben, sind sie uns haushoch überlegen. Ihre Kräfte beherrschen wir nicht, und sie machen uns immer wieder klar, wie klein der ‚große Mensch' in Wirklichkeit ist – den Respekt vor der Natur zu verlieren, ist darum der größte Fehler, den wir machen können.

Aus Sorge vor diesen Naturkräften fragen mich immer wieder Zuschauer, ob es solche Wirbelstürme auch bei uns geben kann. Zumindest im westlichen Teil Europas ist das möglich und so haben einige von ihnen schon die Westküste Portugals oder sogar Irlands erreicht. Besonders oft geschieht das aber nicht, zwischen 1850 und 2005 waren es gerade einmal sieben Stürme. Wir in der Mitte Europas erleben keine Tropenstürme, aber durchaus immer wieder mal deren Folgen. Denn wenn solch ein Hurrikan an der amerikanischen Ostküste zum Ende seines Daseins nach Norden zieht, wird er meist in die Westwindzirkulation der mittleren Breiten eingebunden und gelangt dann nicht selten als ‚normales‘ Sturm- oder sogar Orkantief über den Atlantik zu uns. Diese Tiefs tragen dann mit der Vorsilbe ‚Ex‘ weiterhin den Hurrikan-Namen, den sie zwei oder drei Wochen zuvor mitten in den Tropen schon hatten. Unser Wetter ist dann natürlich auch noch arg unruhig und teils gefährlich.

Aber wenn es um die nötigen hohen Wassertemperaturen geht, dann gelangen wir gedanklich schnell in die Meeresurlaubsregion Europas schlechthin – das Mittelmeer. Kann es hier Hurrikans geben? ‚Jein‘ ist die korrekte meteorologische Antwort. Nein, weil sich das Mittelmeer ja nicht in den Tropen befindet, und ja, weil wir im Mittelmeer immer wieder Tiefdruckgebiete beobachten, die für kurze Zeit tatsächlich ein Auge und spiralförmig angeordnete Wolken- und Regenbänder ausbilden. Seit 1960 wurden rund 90 solcher Mittelmeerstürme registriert. In Anlehnung an das Wort *Hurricane* werden sie vor Ort dann *Medicanes* genannt. Sie verursachen Orkanböen und sehr große Regenmengen von oft über 200, teilweise 300 Millimetern in nur 24 Stunden. Noch mal erinnert sei an die 555 Millimeter, die im Mittel in einem ganzen Jahr in Berlin fallen.

Doch Medicanes haben ein Problem. Oder die Anwohner in der Region haben Glück, ist alles eine Sache des Betrachters: Das Mittelmeer ist zu klein! Sie schaffen es einfach nicht, sich über Tage mehr und mehr mit Energie aufzupumpen, um sich immer weiter zu verstärken, so wie es über den ausgedehnten Wasserflächen der großen Ozeane dieser Welt möglich ist. Medicanes mit ihren Durchmessern von 200 bis 300 Kilometern sind also keine sich selbst stabilisierenden oder gar selbstnährenden Wettersysteme wie ihre großen Schwestern und Brüder. Deswegen können sie auch nicht Tage oder Wochen halten, sondern eher einige Stunden bis maximal zwei Tage. Aber noch mal: Die Windgeschwindigkeiten erreichen gerade auch durch die Böen eingelagerter Schwergewitter oft Orkanstärke, sprich, sie sind – gerade auf See – eine wirklich ernstzunehmende Gefahr!

Noch eine kleine Ergänzung für Wetterbegeisterte: Einem Medicane reichen bereits Wasseroberflächentemperaturen von fünfzehn Grad aus. Er lebt vom Temperaturunterschied mit zunehmender Höhe, wenn aus Norden kommend Kaltluft in der Mittelmeerregion eintrifft. Wir Meteorologen sprechen von einem ‚Cut off Low‘, einem Höhentief oder Kaltlufttropfen, der das Ergebnis einer Einschnürung des Jetstreams ist, der sich wiederum zuvor ‚ein bisschen wild um sich selbst gedreht hat‘. Die Drehung dieses Systems wird dabei im Wesentlichen durch die zuvor schon existierende Drehung des Höhentiefs induziert.

So, das war jetzt ein kleiner Teil einer Meteorologievorlesung für Fortgeschrittene und damit eine wirkliche Konzentrationsübung. Bist du noch da, Christoph?“

Christoph Waffenschmidt nickt. Langsam und mit gespielt aufgerissenen Augen, als könne er die Worte und Fakten nicht so recht erfassen, die ihm gerade serviert wurden.

Und Plöger setzt nach: „Weil sie Kaltluft aus Norden benötigen, entstehen Medicanes vor allem im Herbst und Winter – auch das unterscheidet sie von ihren Kollegen auf den

Ozeanen, deren Saison im Sommer beginnt. Je größer der Temperaturunterschied zwischen Höhenkaltluft und Meeresoberflächentemperatur ist, desto mehr Energie steht dem Medicane zur Verfügung. Eine Faustregel besagt, dass diese Differenz mehr als 57 Grad betragen sollte. Insbesondere die Jahreszeit Herbst birgt eine große Gefahr, dass sich solch ein Medicane im Mittelmeer bildet.

Das ist besonders fatal, wenn wir nun auf die zutiefst unerfreuliche Situation von Flüchtlingen schauen, die versuchen, Europa mit völlig unzureichenden Gefährten – man kann oft kaum ‚Schiff' sagen – zu erreichen. Das Wetter ist nach dem Sommer oft noch schön warm und damit eben auch das Wasser. Das sind ja scheinbar ‚gute' Wetterbedingungen; das erhebliche Risiko ist hier im Vorfeld tragischerweise gar nicht zu sehen.

Vor dem Hintergrund des Klimawandels und der weiter steigenden Meerestemperaturen würde man im ersten Moment möglicherweise eine wachsende Gefahr sehen, dass *Medicanes* häufiger entstehen. Aber Modellsimulationen zeigen tatsächlich einen Rückgang ihres Auftretens um rund fünfzehn Prozent bis zum Ende des Jahrhunderts, einige sogar noch mehr. Der Grund liegt in der Atmosphäre, denn die dortige Erwärmung sorgt dafür, dass auch immer seltener Höhenkaltluft bis zum Mittelmeer vorstoßen kann, da diese ja dann aus viel nördlicheren Gefilden stammen muss. Und dieser Effekt scheint die Wassererwärmung mehr als zu kompensieren."

Plöger schlägt sich mit beiden Händen auf die Knie. „Jetzt ist aber wirklich Schluss mit dem Mittelmeer. Lass uns lieber mal schauen, wie es in der Nordsee und den Alpen läuft, was gerade mit dem nahezu mystisch verehrten deutschen Wald geschieht und wie einige kluge Köpfe in unseren Breitengraden dem Klimawandel durch innovative Ideen trotzen."

# WIE VISIONÄR HÄTTEN SIE'S DENN GERN? GROSS DENKEN ODER LIEBER KLEIN HANDELN?

„Und um dich thematisch abzuholen, wie es eigentlich um das weltweite gesellschaftliche Klima steht: Im Februar haben wir viel über Hunger, Armut und Flucht im globalen Süden geredet und vor welchen Herausforderungen manche Länder und die Menschen stehen."

Waffenschmidt steht auf und beginnt durch den Raum zu gehen. Langsam, Schritt für Schritt, fast ein wenig meditativ. Ganz so, als würde er mit jedem weiteren Schritt einen weiteren Gedanken aus seinem Kopf freigeben.

„Mir ist wichtig, dass wir als doch gut begüterter globaler Westen oder Norden nicht so tun oder agieren, als wären wir die strahlenden Retter, die wissen, wie es geht. Das hat weder etwas mit einer gleichwertigen Kommunikation oder Partnerschaft auf Augenhöhe zu tun, noch sind wir wirklich in der Position, die Entwicklung anderer Staaten und Gesellschaften zu bewerten. Wenn ich vor der Pandemie immer wieder vor Ort in unseren Projekten unterwegs war, dann war ich immer dann besonders begeistert, wenn ich nicht nur funktionierende Entwicklungen erleben konnte, sondern selber was gelernt habe. Der an vielen Stellen behutsame Umgang mit der Natur, die Fähigkeit, mit Mangel umzugehen oder aus Mangel was zu machen. Das sind großartige Eigenschaften, die wir auch adaptieren können. Nicht zu vergessen die schon zuvor genannten Beispiele der wirtschaftlichen Sprunginnovationen oder der humane Weg, Geflüchteten Sicherheit zu geben.

Und zum weltweiten Blick gehört dann auch der Blick in unser eigenes Land. Den dürfen wir nicht übersehen. Will sagen:

---

**Wir leben in einem im weltweiten Vergleich unglaublich sicheren und wirtschaftlich starken Land. Deutsche sind die Menschen, die mit ihrem Pass am unkompliziertesten in der Welt reisen dürfen, weil er in den allermeisten Ländern visumsfrei akzeptiert wird. Aber zu Deutschland gehören auch Kinderarmut, soziale Ungerechtigkeiten und Bildungsnachteile in sozial schwächeren Familien.**

---

Sicher nicht so existenziell wie auf dem afrikanischen Kontinent oder in Lateinamerika, aber doch auf eine Art und Weise, die veränderbar sein sollte.

Seit 2007 geben wir die *World Vision*-Kinderstudie für Deutschland heraus. Keine Studie *über* Kinder, sondern die Kinder haben die Gelegenheit, sich selbst über ihr Leben, ihre Ängste und Hoffnungen zu äußern. In dieser repräsentativen

Studie werden 2.500 Kinder befragt. Vier Studien sind bisher erschienen, zuletzt 2018. Relativ gleichbleibend über alle Studien hinweg ist das 80/20 Verhältnis. Ungefähr 80 % der Kinder äußern sich positiv über die Möglichkeiten, die sie haben, und die Lebensumstände, in denen sie leben. Für ca. 20 % bleiben aber gerade diese Umstände herausfordernd und begrenzen ihr Aufstiegs- und Entwicklungspotential.

Diese Probleme sind strukturell verankert, sodass einzelne initiierte Maßnahmen allein nicht ausreichen. Das ist eine gesamtgesellschaftliche Aufgabe. Wir müssen an vielen Stellschrauben drehen, damit sich das bessert. Überdurchschnittlich häufig von Armut betroffen sind zum Beispiel Alleinerziehende. Kinder und eine Vollzeitbeschäftigung lassen sich leider nur schwer unter einen Hut bekommen. Wir brauchen also bessere Betreuungsangebote, am liebsten rund um die Uhr, damit auch die vielen alleinerziehenden Mütter in Pflegeberufen mit Schichtarbeit solche Angebote wahrnehmen können. Wir brauchen ein anderes Bewusstsein im Umgang mit Müttern und Vätern, die sich um ihre Kinder kümmern. Generell müssen flexiblere Arbeitszeitmodelle entstehen, mehr Gleitzeit, mehr Homeoffice.

**Wer bereits in der Schule durch die Maschen des Systems fällt, aus welchen Gründen auch immer, wird wahrscheinlich sein ganzes Leben lang mit Benachteiligungen zu kämpfen haben.**

Ein anderer Punkt, der direkt mit Armut zu tun hat, ist unsere Bildungslandschaft. Es stimmt: Eine gute Bildung ist ein wichtiger Faktor, um Armut vorzubeugen. Oder anders herum betrachtet: Wer bereits in der Schule durch die Maschen des Systems fällt, aus welchen Gründen auch immer, wird wahrscheinlich sein ganzes Leben lang mit Benachteiligungen zu kämpfen haben. Die Möglichkeiten, sich auch nach der klassischen Schule weiterzubilden, sollten ausgebaut werden. Als Jugendlicher bist du in deiner Entwicklung manchmal nicht gerade auf der Stufe, wo du lernen kannst oder willst. Dann braucht es alternative Zeiträume, in denen Bildung oder Aufholprogramme angeboten werden. Unser System ist viel zu starr, sowohl was die Durchlässigkeit zwischen den einzelnen sozialen Schichten als auch die individuellen Fähigkeiten der Schülerinnen und Schüler anbelangt."

Waffenschmidt geht weiter durch den Raum, bleibt hin und wieder stehen, um durchs Terrassenfenster in den stockdunklen Garten zu gucken.

Plöger nimmt die Ausführungen seines Freundes auf. „Die Zahlen tun weh, weil sie schwarz auf weiß zeigen, wie ungerecht unser System sein kann. Etwa drei Viertel der Kinder aus einem Akademiker-Elternhaus besuchen nach der Schule die Universität. Sind die Eltern hingegen keine Akademiker, gehen nur 21 Prozent der Kinder zur Uni. Armut und sozialer Status werden also vererbt. Und diese Undurchlässigkeit der sozialen Schichten hat in den vergangenen Jahren sogar noch zugenommen. Der Aufstieg wird immer schwerer. Das ist ein Punkt, der auf jeden Fall auf die Besser-machen-to-do-Liste kommen muss. Da hat Deutschland seine Hausaufgaben einfach noch nicht gemacht. Wir haben doch im Februar auch von den 17 Nachhaltigkeitszielen gesprochen, die eine ökologische, ökonomische und soziale Entwicklung voranbringen sollen. Zwei dieser Ziele lauten zum Beispiel ,Hochwertige

Bildung' und ‚Weniger Ungleichheiten'. Böse Zungen könnten nun behaupten, dass wir in unserem Land bei diesen Aufgaben noch nicht so weit vorangekommen sind."

Jetzt steht auch Plöger auf und beginnt durchs Zimmer zu gehen, als gäbe es eine geheime Absprache zwischen den beiden, dass eigentlich nur derjenige reden darf, der in Bewegung ist. Waffenschmidt setzt sich hingegen wieder aufs Sofa und mimt das Publikum für den nun vortragenden Meteorologen.

„Und da sind wir bei dem Gedanken, der sich immer wieder durch unsere Gespräche zieht. Nämlich dass wir Teil von hochkomplexen Systemen sind, die nicht mit einem einzelnen Knopfdruck, einer einzelnen Maßnahme zufriedenstellend steuerbar sind. Du hast schön aufgezeigt, dass Armut auch immer etwas mit Bildung zu tun hat – oder zumindest in den allermeisten Fällen – und mit Chancengleichheit, mit den Bedingungen am Arbeitsmarkt, mit Betreuungsangeboten. Und ich habe sogar die Vermutung, dass die zunehmende Blasenbildung innerhalb unserer Gesellschaft auch einen Einfluss haben könnte.

Die soziale Durchmischung über unterschiedliche Milieus hinweg nimmt doch – zumindest gefühlt – immer weiter ab. Man erkennt das ja nicht nur in den sozialen Medien, sondern auch im ‚echten Leben'. Das klassische Vereinsleben stirbt zunehmend aus, selbst Sportvereine haben Nachwuchsprobleme – wohl auch, weil die Kinder und Jugendlichen durch offene Ganztagsschulen weniger Zeit haben. Die Kirche verliert ihre Anziehungskraft, teilweise auch aufgrund des Fehlverhaltens ihres Bodenpersonals. Aber das waren Orte, an denen Menschen unterschiedlichster Herkunft miteinander in Kontakt kamen und Verständnis füreinander aufbauen konnten. Wir brauchen dringend wieder solche Möglichkeiten der Begegnung über alle sozialen Schichten hinweg. Aber das geht jetzt sehr weit weg von meiner Expertise. Soziologen könnten meine Beobachtungen und mein Gefühl jetzt hoffentlich mit entsprechenden Studienergebnissen unterfüttern und beweisen, wie wichtig es für die Gesellschaft ist, dass Filterblasen durchbrochen werden und einfach mal über den Tellerrand geschaut wird. Vielleicht kommen wir aber noch später oder bei unserem nächsten Treffen darauf zurück. Wenn ich das jetzt ausführe, stelle ich mir in Anbetracht meiner geplanten Abreise und der fortschreitenden Zeit selbst ein Bein. Denn ich wollte ja noch ein wenig übers Klima in Deutschland reden. Und zwar das echte. Nicht das gesellschaftliche."

Waffenschmidt lacht kurz auf und fragt scherzhaft, wem es denn wohl schlechter ginge – dem ‚echten' Klima oder unserem gesellschaftlichen Klima. Plöger lacht mit, drückt dann aber aufs Tempo und findet schnell zurück zu dem, was er eigentlich sagen wollte.

---

**Hier in Deutschland gibt es neben den großen Diskussionen, die die Talkshows beherrschen – also Energiewende, Elektroautos und Mobilität generell – relativ wenig mediale Aufmerksamkeit für Menschen, die sich Gedanken um Lösungen für das Klimaproblem machen. Aber es gibt sie, die klugen Ideen.**

---

Auch nicht so kluge Ideen. Und völlig absurde Ideen. Es wird auch darüber berichtet, aber in einem viel kleineren Rahmen. Das ist natürlich schade – zumindest bei den guten Ideen. Aber lass mich mit einer der völlig absurden Ideen anfangen.

Du erinnerst dich, dass wir im Februar über Megaprojekte redeten, die fast immer zum Scheitern verurteilt sind. Stichwort *Desertec*. Im vergangenen Jahr veröffentlichten beispielsweise der niederländische Meereskundler Sjoerd Groeskamp und sein Kieler Kollege Joakim Kjellsson eine Studie, die eine Handlungsoption zeigte, sollten wir die Erderwärmung trotz aller Bemühungen nicht mehr aufhalten können. Konkret haben sich die beiden mit der Nordsee befasst. Dazu muss man wissen, dass ein steigender Meeresspiegel sich natürlich auch bei uns vor der Haustür in Nord- und Ostsee bemerkbar macht. Schließlich haben die beiden Meere eine direkte Verbindung zum Atlantik. Eigentlich sogar zwei: einmal am Ärmelkanal zwischen Großbritannien und Frankreich und einmal oben im Norden zwischen Großbritannien und Norwegen. Steigt also der Meeresspiegel im Atlantik, hat das auch Auswirkungen auf unsere kleine beschauliche Nordsee. Und damit auch für die noch beschaulichere Ostsee. Die ja durch das Kattegat oben bei unseren dänischen Freunden eine natürliche Verbindung zur Nordsee besitzt. Spannend sind diesbezüglich die regional sehr unterschiedlichen Sichtweisen, wo genau die Ostsee aufhört, die Nordsee beginnt und ob das Kattegat als eigenständiges Meer angesehen werden kann. Aber fest steht: Die beiden Meere haben eine Verbindung. Und mit dem Nord-Ostsee-

Kanal gibt es auch noch eine weitere, menschengemachte Verbindung zwischen ihnen."

Plöger bleibt stehen, blickt ebenfalls kurz in die Dunkelheit hinter dem Terrassenfenster, als suche er dort den Faden, der ihm bei seinem Exkurs zu Nord- und Ostsee abhandengekommen ist, findet ihn schließlich und macht weiter.

„Unsere beiden Meeresforscher haben nun geschaut, wie man die tief liegenden Küstengebiete in den Niederlanden und in einigen Bereichen Niedersachsens effektiv schützen kann. Wenn man bedenkt, dass heute bereits ein Viertel der niederländischen Landfläche unterhalb des Meeresspiegels liegt, sind das enorme Herausforderungen, die viele Millionen Menschen betreffen. In ihrer Studie haben die Forscher nun aufgezeigt, dass es machbar wäre, statt unzähliger kleiner Deichprojekte in den verschiedenen Anrainerstaaten der Nordsee zwei riesige Dämme zu planen, die die komplette Nordsee vom Atlantik abschließen würden. Konkret würde dies bedeuten, dass zwischen Cornwall in Großbritannien und der Bretagne ein gut 160 Kilometer langer Damm errichtet werden würde. Die Tiefe des Ärmelkanals liegt dort bei rund 85 Metern. Was für ein gigantisches Projekt. Aber immer noch klein im Vergleich zum zweiten geplanten Damm. Er würde zwischen Schottland und Norwegen verlaufen, wäre 500 Kilometer lang und müsste Wassertiefen bis zu 320 Metern abdämmen. Abdichten? Überbrücken? Was sagt man dazu eigentlich?

Die Kosten lägen laut unserer beiden Visionäre bei 250 bis 500 Milliarden Euro. Wobei wir spätestens seit Elbphilharmonie und Berliner Flughafen natürlich wissen, dass es teurer werden würde. Neben der technischen Umsetzbarkeit – man bedenke nur, wie viel Material es bedarf, um einen 500 Kilometer langen und 320 Meter hohen Damm zu bauen und wie viele Pumpen benötigt werden, um die Wassermassen aus dem Rhein, der Elbe oder der Glomma in Norwegen in den Atlantik zu befördern! – gibt es weitere elementare Bedenken. Wir würden ein komplettes Ökosystem umgestalten, denn aus der salzhaltigen Nordsee würde mittelfristig ein süßwassergespeistes Binnengewässer werden. Mit allen Folgen, die das für Flora und Fauna mit sich bringen würde.

Und das ist wahrscheinlich der entscheidende Punkt an dieser Studie: Dürfen wir Menschen in dieser massiven Weise in die Natur eingreifen? Und können wir überhaupt abschätzen, welche weitreichenden Folgen dies haben könnte? Wissen wir, wie sich solch ein Projekt etwa auf Meeresströmungen auswirken würde, die, wie wir ja wissen, auch für Regenzeiten überall auf dem Globus verantwortlich sind? Oder würden wir damit nur wieder neue Probleme an anderen Stellen der Welt verursachen?

**Dürfen wir Menschen in dieser massiven Weise in die Natur eingreifen? Und können wir überhaupt abschätzen, welche weitreichenden Folgen dies haben könnte?**

Für spannende Romane ist so etwas beeindruckend, in der Realität aber oft ein Versuch, durch fantasievolle Ideen davon abzulenken, dass dem Problem Klimawandel am Ende wirkungsvoll dann doch nur in vielen kleinen und vernünftigen Schritten beizukommen ist. Wir kommen nicht umhin, die Ursache zu bekämpfen. Das ist wie in der Medizin, wenn man das Ziel hat, wirklich gesund zu werden."

# SMART ERDACHT: AGROPHOTOVOLTAIK UND ANDERE „KLEINE GAMECHANGER"

„Da kommen wir zu später Stunde ja sogar fast noch ins Philosophieren. Aber ich mag solche Gedankenspiele – und mehr kann die von dir genannte Studie ja auch gar nicht sein", sagt Waffenschmidt.

„Wenn wir das kreative Blicken über den Tellerrand begrüßen, weil dadurch etwas Neues entstehen kann, dann gehören auch die wilden Ideen dazu. Und vielleicht sitzt irgendwo jetzt ein weiterer kluger Kopf und wird durch diese Studie zu einer anderen Idee inspiriert. Einer, die näher am Machbaren ist. Und es macht natürlich auch viel mehr Spaß über so etwas Verrücktes zu reden, als darüber zu diskutieren, ob die regional angebaute Schlangengurke außerhalb der Saison, also ich sag mal im Januar, besser fürs Klima ist als die Bio-Gurke. Und wie der $CO_2$-Fußabdruck aussieht, wenn die Bio-Gurke sogar noch in PE-Folie – also Polyethylen-Folie – verschweißt ist. Wobei wir mit unserem Gespräch ja Klischees brechen wollen, und die PE-Folie ist so ein Klischee. Kunststoff verbinden wir ja fast automatisch mit Begriffen wie ‚umweltschädlich‘, ‚giftig‘ und ‚nicht nachhaltig‘. Aber bei Polyethylen ist das gar nicht so wild. Ich glaube sogar, dass diese Folie im Vergleich zu Papier besser abschneidet und zu weniger Umweltbelastungen führt, wenn man auch die Produktionsbedingungen in die Rechnung reinnimmt.

Aber das ist wie in vielen anderen Bereichen auch eine Frage, worauf man bei seinen Betrachtungen den Schwerpunkt legt. Ja, das Polyethylen verbrennt zum Beispiel bei der fachgerechten Entsorgung rückstandslos zu Kohlenstoff und Wasser. Es entstehen keine giftigen Dämpfe und keine Schlacken, die auf Sondermülldeponien mit viel Aufwand endgelagert werden müssen. Das Problem ist allerdings die gerade angesprochene ‚fachgerechte Entsorgung‘. Gelangen Folien, Einkaufstüten oder Verpackungen aus PE – so übrigens die Kurzbezeichnung – in die Umwelt, sieht es schon wieder ganz anders aus. Denn der Kunststoff verrottet einfach nicht. Beziehungsweise nur sehr, sehr langsam. Durch Sonneneinstrahlung und mechanische Belastungen wird er spröde und brüchig, zerfällt in immer kleinere PE-Stückchen und wird schließlich zum sogenannten Mikroplastik, über das wir seit einigen Jahren verstärkt diskutieren. Man muss also immer schauen, welche Prioritäten man in seiner Betrachtung solcher Probleme setzt. Ein einfaches Richtig oder Falsch scheint es dabei nicht zu geben.“

**Infobox Mikroplastik**

*Als Mikroplastik werden Kunststoffteilchen bezeichnet, deren Durchmesser kleiner als 5 Millimeter ist. Diese Mikroteile können durch den Zerfall größerer Kunststoff-Dinge entstehen – also etwa bei handelsüblichen Plastiktüten, Joghurtbechern oder auch Zigarettenfiltern, die üblicherweise aus Celluloseacetat bestehen.*

*Große Mengen von Mikroplastik werden unbewusst oder mangels besserer Alternativen freigesetzt. Das passiert beispielsweise beim Autofahren durch den Reifenabrieb, beim Waschen von synthetischer Kleidung wie Fleece oder auch durch den Abrieb von Schuhsohlen und Fahrbahnmarkierungen. Eine Studie von 2017 ergab, dass jeder Bundesbürger mehr als 1,2 kg Mikroplastik allein durch Reifenabrieb produziert. Ein weiterer Teil des Mikroplastiks wird als solches genutzt – in der Industrie oder als Bestandteil von Zahncremes, Kosmetika oder Babywindeln.*

*Gelangt das Mikroplastik beim Wäschewaschen oder Zähneputzen ins Abwasser, landet es in der Kläranlage. Dort werden dem Schmutzwasser zwar große Mengen Mikroplastik mechanisch und durch Bakterien entnommen, trotzdem gelangen immer noch viele besonders kleine Teile in die fließenden Gewässer und schließlich in die Meere.*

„Ganz zu schweigen von den Müllstrudeln in den Weltmeeren, die so groß sind wie ganze Länder. Durch die Strömung sammeln sich die einzelnen Müllteile an der Wasseroberfläche zu riesigen Teppichen", ergänzt Sven Plöger. „Auch hier wird der Kunststoff in immer kleinere Teilchen zerlegt. Im ersten Moment könnte man vielleicht froh darüber sein, löst sich doch das Problem mit der Zeit von selbst auf. Aus den Augen, aus dem Sinn, sozusagen. Aber nur, weil wir etwas nicht sehen, erledigt sich das Problem ja nicht. Ganz im Gegenteil.

Die oft nur wenige Millimeter kleinen Teilchen werden von den Meerestieren aufgenommen, sammeln sich im Körper an und bleiben auch da. Da es in der Natur der Sache liegt, dass kleinere Fische von größeren Fischen gefressen werden, gibt es eine Art Addition. Die Forschung zu diesem Gebiet steckt noch in den Kinderschuhen, aber Experten vermuten, dass das aufgenommene Mikroplastik bei den Tieren zu Gewebeveränderungen, Entzündungen und Wachstumsstörungen führen kann. Wohl auch, weil sich andere freie Schadstoffe gern an die kleinen Teilchen binden. So wird das Mikroplastik zusätzlich ein Transporter für giftige Verbindungen, die dann wiederum in den Tieren zu Hormonveränderungen und Schädigungen des Erbguts führen können.

Es gab in der Vergangenheit einige mit viel Enthusiasmus gestartete Projekte, die sich der Müllproblematik in den Weltmeeren angenommen haben. ‚Ocean Cleanup' hieß, so glaube ich, eines der ersten. Der Gedanke ist dabei stets der gleiche: Man fischt den an der Oberfläche treibenden Müll ab und entsorgt ihn anschließend an Land. Ein ähnliches

Projekt namens ‚Everwave‘ wurde von der deutschen Architektin Marcella Hansch ins Leben gerufen. Doch so einfach die Sache auch klingt, sie hat eine ganze Reihe von Haken, die das alles dann doch etwas komplizierter machen.

**In Anbetracht der Größe unserer Weltmeere ist das Abfischen des Mülls an der Wasseroberfläche nicht viel mehr als ein Tropfen auf dem heißen Stein oder, damit es besser ins Bild passt: ein Tropfen im Pazifik. Selbst wenn diese Sammelplattformen riesig wären, so groß wie zehn Fußballfelder, ist es in etwa so, als würde man versuchen, die Nordsee mit einem Wassereimer trockenzulegen.**

Außerdem muss man aufpassen, dass man der Tierwelt nicht zusätzlich schadet und man neben dem Müll auch tonnenweise Meerestiere aus dem Wasser schöpft. Und was die Sache noch etwas mehr auf den Boden der Tatsachen holt: Der meiste Müll in unseren Weltmeeren schwimmt gar nicht an der Oberfläche, sondern treibt entweder in tieferen Wasserschichten oder liegt auf dem Grund.

Experten sind sich deshalb recht sicher, dass nur eines gegen die Vermüllung der Weltmeere wirklich helfen wird – und das ist die Müllvermeidung. Denn es geht ja noch weiter: Der abgefischte Meeresmüll landet schließlich wieder an Land. Würde man ihn dort verbrennen? Eigentlich ein Wahnsinn,

**Experten sind sich deshalb recht sicher, dass nur eines gegen die Vermüllung der Weltmeere wirklich helfen wird – und das ist die Müllvermeidung.**

Kunststoffmüll, der mit viel Aufwand und unter hohem Einsatz von endlichen Rohstoffen hergestellt wurde, einfach so zu verbrennen. Recycling wäre besser. Aber in den meisten Ländern der Welt – insbesondere im globalen Süden – landet er dann auf Mülldeponien, wird nach und nach in kleinere Stücke zersetzt und macht als Mikroplastik weiter Probleme. Am besten ist es, einfach weniger Plastikmüll zu produzieren und überall dort, wo es möglich und sinnvoll ist, auf alternative Materialien umzusteigen."

**Infobox Meeresmüll**

*Wie viel Plastikmüll sich in den Weltmeeren angesammelt hat, lässt sich nur vermuten. Der World Wide Fund For Nature, kurz WWF, geht davon aus, dass jährlich zwischen 4,8 und 12,7 Millionen Tonnen Plastik im Meer landen. Insgesamt nennt die Umweltschutzorganisation eine Zahl von 80 Millionen Tonnen Plastikmüll.*

*Ein Großteil der Plastikabfälle gelangt über Flüsse in die Weltmeere. Dabei kamen Forscher zu dem Schluss, dass über 90 % dieser Kunststoffteile aus nur zehn Flüssen stammt, wobei acht davon in Asien und zwei auf dem afrikanischen Kontinent zu finden sind.*

*Für die Tierwelt ist dieser Müll gleich auf mehrere Arten gefährlich. In sogenannten „Geisternetzen", abgerissenen und herrenlos umhertreibenden Fischfangnetzen, verenden zahlreiche Tiere. Schildkröten, Robben oder Tauchvögel verfangen sich in ihnen und haben keine Möglichkeit mehr, an die Wasseroberfläche zu gelangen. Verheddert sich solch ein Geisternetz an einem Schiffswrack, „fängt" es unter Umständen über viele Jahre hinweg sinnlos Tiere ein. Sinken Geisternetze auf den Meeresgrund, brauchen sie 400 bis 600 Jahre, bevor sie vollständig verrottet sind.*

*Kleinere Müllteile werden von vielen Meeresbewohnern mit Nahrung verwechselt. So verhungern Meeresvögel qualvoll, weil sich in ihrem Magen mit der Zeit immer mehr unverdauliche Plastikteile ansammeln, die den Vögeln ein Sättigungsgefühl vermitteln. Einige Experten gehen davon aus, dass im Jahr 2050 in den Mägen nahezu aller Meeresvögel Plastikteile zu finden sein werden.*

„Das war jetzt ein bunter Strauß von Fakten zum Thema Polyethylen und andere Kunststoffe. Falls du", das *Du* betont Waffenschmidt überdeutlich, „mal bei *Wer wird Millionär* sitzt", er grinst bis über beide Ohren und fährt fort: „Da höre ich lieber Geschichten von Menschen, die die Nordsee abdichten wollen. Das bringt den müden Geist so richtig in Schwung."

„Absolut, Christoph. Und wer weiß, was aus unseren Gesprächen entsteht. Vielleicht inspirieren wir irgendwo auf diesem Erdenrund jemanden, der die Lösung all unserer Probleme findet. Oder Endemol ruft an und will uns als Team für das nächste Quiz-Special. So charmant wie wir beide sind."

Plöger schaut auf seine Armbanduhr, die Zeit fliegt, das Ende dieses Abends rückt näher und er will auf jeden Fall noch weitere Beispiele bringen. Also geht er kurz zum Tisch, greift nach seinem Smartphone, wieder ein Blick in die Bahn-App, wieder die Suche nach einer alternativen Verbindung, die zeitlich etwas später liegt. Der Wettermann hat Glück, wird fündig und gibt Entwarnung: „So, wir haben jetzt doch noch etwas mehr Zeit. Dann müsste aber am besten, wenn wir hier durch sind, ein Taxi vor der Tür stehen, damit ich direkt zum Bahnhof komme."

Waffenschmidt besteht darauf, seinen Freund selbst zum Bahnhof zu fahren. Der findet es super. Formalitäten geklärt, das Gedankenspiel kann weiterlaufen.

„Aber es gibt ebenso richtig tolle, praktikable und kurzfristig umsetzbare Ideen. Agrophotovoltaik ist zum Beispiel so eine. Dabei handelt es sich nicht, wie man vielleicht falsch vermuten könnte, um eine besonders wütende Solaranlage, sondern um die sinnvolle Kombination aus Landwirtschaft und der Gewinnung von Sonnenenergie. Du kennst wahrscheinlich die großen Solarparks, die man gelegentlich neben Autobahnen und Bahnstrecken sieht, wenn man durchs Land fährt. Da ziehen dann oft Hunderte oder Tausende exakt zur Sonne ausgerichtete Solarpanels am Fenster vorbei. Das sieht immer sehr beeindruckend aus und gibt mir stets das Gefühl, dass wir mit der Energiewende langsam vorankommen.

Diese Parks haben aber einen Nachteil: Sie verbrauchen Fläche. Und davon haben wir in unserem dicht besiedelten Land nicht allzu viel zur Verfügung. Um nicht wertvollen, sprich anders besser nutzbaren Raum zu verschwenden, gibt es ziemlich viele Bestimmungen, wo solche Solarparks überhaupt entstehen dürfen. Auf versiegelten Flächen etwa, in unmittelbarer Nähe zu Autobahnen und Bahngleisen oder auf sogenannten ‚Konversionsflächen'. Das sind zum Beispiel Abraumhalden, ehemalige Truppenübungsplätze oder nicht mehr genutzte Munitionsdepots.

Die Agrophotovoltaik versucht nun durch eine doppelte Nutzung die ganze Geschichte effizienter zu gestalten. Die Idee dahinter ist eigentlich genial einfach: Die Solarpanels werden nicht mehr wie bisher bodennah aufgestellt, sondern auf Stelzen gesetzt und auf eine Höhe von fünf oder sechs Metern gebracht. Dadurch kann die Fläche darunter auch landwirtschaftlich genutzt werden. Neben dieser Zweifachnutzung gibt es bei vielen Pflanzen sogar einen weiteren Vorteil: Durch die Beschattung der Solaranlagen lassen sich die Erträge bei Kartoffeln, Salat oder Hopfen sogar um bis zu zwanzig Prozent steigern. Anderen Arten wie Gerste oder Raps ist es zumindest egal, dass über ihren Köpfen Sonne in Strom umgewandelt wird. Für die oft gebeutelten Landwirte tun sich mittels der Agrophotovoltaik zusätzliche Einnahmequellen auf. Es wäre also eine Win-win-Situation. Und bei solchen Ideen hüpft mein Herz vor Freude, weil sie nicht nur das Klima schützen, sondern einen Mehrwert bieten, der über das gute Gewissen hinausgeht. Das bringt die Akzeptanz für Veränderungen ein ganzes Stück vorwärts."

„Das ist super. Weil wir genau solche Projekte aufspüren wollten. Wenn sich das wirklich jenseits von Pilotprojekten flächendeckend umsetzen ließe, wenn es wirtschaftlich sein sollte, dann könnte diese einfache Idee ein echter Gamechanger werden. Und sie ist auch gar nicht weit von Tonys bahnbrechender Methode entfernt. Sie setzt auf das Vorhandene – in unserem Fall die landwirtschaftlich genutzten Flächen – und zieht daraus einen weiteren Nutzen. Bei Tony sind die Wurzeln im Boden vorhanden, daraus wachsen schnell die Bäume und die beschatten dann zusätzlich den Boden, der dadurch ertragreicher wird. Find ich toll. Im Übrigen praktiziert ein uns allen bekannter deutscher Discounter, der vorne mit dem ersten Buchstaben des Alphabets beginnt, dies jetzt auch in Berlin und vermutlich auch in anderen Städten."

„Die bauen ihre zu verkaufenden Kartoffeln jetzt in Berlin selber an?", fragt der Wettermann mit leicht lächelndem aufgerissenem Mund.

„Nee, aber direkt bei uns um die Ecke bebauen sie ihr großes Grundstück, das ja immer aus einem nicht allzu winzigen rechteckigen Gebäude und einem sehr großen Parkplatz besteht, komplett neu. Und sie bebauen es komplett. Unten im Erdgeschoß kommt der Laden rein und darüber entstehen die überall gesuchten neuen Wohnungen. Vielleicht kann man es *urban-inklusives Habitat* nennen."

„Eine weitere superspannende Idee, die ursprünglich aus Japan stammt und die inzwischen auch bei uns Verbreitung findet, sind die sogenannten ‚Tiny Forests‘, legt Plöger nach. „Das Konzept stammt vom inzwischen über neunzigjährigen japanischen Biologen Akira Miyawaki und wendet sich speziell an urbane und hochverdichtete Räume, wie sie vielfach in Japan zu finden sind. Solche Miniwälder benötigen sehr wenig Platz, ein paar Hundert Quadratmeter, zur Veranschaulichung wird gern die Größe eines Tennisfeldes genommen, aber wer weiß heute noch – Jahrzehnte nach Boris Becker und Steffi Graf –, wie groß eigentlich ein Tennisplatz ist.“

„Oh, vergiss Angelique Kerber, Alexander Zverev und die vielen tennisspielenden Menschen in den Vereinen nicht“, wirft Waffenschmidt ein.

„Auf dieser Fläche werden nun sehr dicht möglichst viele regionale Baum- und Straucharten gepflanzt. Möglichst dicht deshalb, damit die Pflanzen sich gegenseitig beschatten und ein schnelles Höhenwachstum hin zum Sonnenlicht, also nach oben, gegeben ist. Innerhalb kürzester Zeit soll so ein sich selbst versorgender Miniwald entstehen, der bereits nach drei Jahren kaum noch Pflege bedarf. Abgefallenes Laub dient dabei als Dünger, genauso wie in einem großen Wald. So entstehen kleine Biotope, die Lebensraum für zahlreiche Tierarten bilden, die eine wasserspeichernde Funktion haben, die das Mikroklima in der Umgebung positiv beeinflussen und die natürlich auch $CO_2$ speichern, von dem wir ja bekanntermaßen zu viel ausstoßen.

Inzwischen werden diese Tiny Forests auch in unseren Breitengraden angepflanzt. Eines der ersten Projekte star-

teten im vergangenen Jahr zwei junge Männer in der Ucker-
mark in Brandenburg. Auf 800 Quadratmetern Privatge-
lände züchten sie sich jetzt ihren eigenen, artenreichen
Miniwald. Es gibt sogar inzwischen Dienstleister, die solche
Projekte auch Unternehmen, Schulen und anderen Organisationen anbieten. Das hat dann zusätzlich noch eine gewisse Lehrfunktion. Teambuilding sicherlich auch. Aber
gerade für Schulen ist das ein tolles Projekt. So können die
Schüler live dabei zusehen, wie ein Wald entsteht. Das vermittelt nicht nur Lehrstoff für den Biologieunterricht, sondern schult natürlich auch das Verantwortungsbewusstsein
und das Verständnis für ökologische Zusammenhänge."

Waffenschmidt stimmt zu: „Da tut sich wirklich sehr viel.
Und insbesondere an den Schulen entsteht ein echtes Bewusstsein für die Herausforderungen, vor die uns die Veränderungen des Klimas stellen. Und weißt du was? Das
erinnert mich sehr an meinen alten Biologielehrer am Gym-
nasium. Seine große Leidenschaft war der Schulgarten. Den
hat er initiiert und mit einem Team aus Schülerinnen und
Schülern alle möglichen Pflanzen kultiviert. Ehrlich gesagt
war ich damals im jugendlichen Teeniealter an anderen
Dingen und, äh, Menschen, interessiert und nicht so sehr
an Pflanzen. Aber er hat im Unterricht immer wieder darüber erzählt und wir hatten die lebenden, wachsenden Beispiele im Garten der Schule. Übrigens ein echt besonderer
Mann, der auch schon immer eine Liebe zu den Menschen
im Nahen Osten hatte und etliche bei sich auch aufgenommen und unterstützt hat. Das war in den 80er-Jahren wirklich etwas Außergewöhnliches."

„Ein anderer Ansatz, den ich dir vorstellen möchte, hat einen mindestens ebenso ausgefallenen Namen. Es ist die Aquaponik. Und im Vergleich zur Agrophotovoltaik steckt sie noch in den Kinderschuhen. Es wird viel experimentiert und geforscht und eine kommerzielle Nutzung ist kurzfristig wahrscheinlich nicht zu erreichen. Ich spare mir aus Zeitgründen einen Spruch über wasserliebende, kleine Pferde und komme direkt zum Wesentlichen. Die Aquaponik könnte nämlich mittelfristig eine ganze Reihe von ökologischen und humanitären Problemen in den Griff bekommen.

Bei diesem Ansatz geht es um eine Kombination aus Pflanzenanbau im Wasser, also sogenannte Aquakulturen, und der Fischzucht. Das Grundprinzip dahinter ist, dass die Fische durch ihre Ausscheidungen das Wasser mit Nährstoffen versorgen, die dann von Pflanzen verwertet werden. Der Gedanke ist uralt. In China ließen Bauern schon vor tausend Jahren Karpfen durch ihre im Wasser liegenden Reisfelder schwimmen. Neu ist jetzt allerdings, dass solche Anlagen nicht auf freien Feldern betrieben werden, sondern auch in Städten. Die Pflanzen wachsen als Hydrokulturen, brauchen also keinen Boden, sehr viel weniger Fläche, weil sie theoretisch übereinandergestapelt werden können, und der Wasserverbrauch reduziert sich enorm im Vergleich zum konventionellen Anbau. Geeignet sind vor allen Dingen Starkzehrer wie Tomaten, Gurken oder Paprika.

Das System sieht stark vereinfacht folgendermaßen aus: Du hast ein Becken mit den Pflanzen, die im Wasser stehen. Und du hast ein Becken mit deiner Fischzucht. Jetzt wird das ‚Fischwasser' inklusive der Ausscheidungen in das

Pflanzbecken gepumpt und spezielle Bakterienkulturen sorgen dafür, dass das in den Exkrementen vorhandene Ammonium in Nitrat umgewandelt wird. Das ist ein natürlicher Vorgang, der auf jeder Kuhweide stattfindet. Die Pflanzen können nun das Nitrat aufnehmen, das gereinigte Wasser fließt zurück zu den Fischen. Passiert das in geschlossenen Systemen wie Gewächshäusern, lässt sich sogar das von den Pflanzen mittels Verdunstung abgegebene Wasser sammeln und dem System wieder zuführen.

Das hört sich alles extrem technologisch an – und in der Tat braucht es eine ganze Menge an Know-how und Gerätschaften –, aber die Forscher sind überzeugt, dass dies eine enorm ressourcenschonende Art ist, Pflanzen- und Fischzucht zu betreiben. In Anbetracht einer wachsenden Weltbevölkerung, die irgendwie ernährt werden will, leergefischten Gewässern, überdüngten Böden und all den Unkrautvernichtungsmitteln, die verspritzt werden, scheint dies ein vielversprechender Ansatz zu sein.

Ob sich dieses Verfahren allerdings mittel- und langfristig durchsetzen kann, hängt nicht zuletzt davon ab, ob sich so produziertes Gemüse am Markt behaupten kann. Denn seien wir mal ehrlich: Die Vorstellung von Pflanzen, die in Nährlösungen und Gewächshäusern gewachsen sind, bereitet einem erst einmal ein subjektives Unbehagen. Das ist nichts, was man gemeinhin mit Begriffen wie ‚natürlich‘ oder gar ‚bio‘ assoziiert. Das Vorurteil kennt man ja jetzt schon, von den angeblich nach nichts schmeckenden Gewächshaustomaten. Man müsste mal in einer Blindverkostung feststellen, ob sich die Anbauweise wirklich am Geschmack erkennen lässt."

„Da sind wir wieder bei Klischees und Wahrnehmung und Wirklichkeit", sagt Waffenschmidt. „All die glücklichen Kühe, Hühner und Schweine aus der Werbung sind Marketingbilder."

Plöger geht zum Tisch, hört seinem Freund weiter zu und beginnt seine Sachen zusammenzuräumen. Die Zeit ist abgelaufen. Aufbruchstimmung.

Waffenschmidt lässt sich davon nicht beeindrucken, redet weiter, beginnt aber ebenfalls Smartphone, Notizblock und Co. zusammenzusuchen: „Und das bedient auch eine gewisse Abwehrhaltung der Verbraucher. Ich glaube, Viele wollen gar nicht so ganz genau wissen, wie die Eier produziert werden. Man sieht halt, was man sehen will. Deswegen haben es manche Unternehmen ja auch recht einfach, wenn sie sich einen grünen Anstrich verpassen wollen und minimalste Veränderungen als den ganz großen, nachhaltigen Wurf kommunizieren.

Die beiden gehen durch den nächtlichen Garten zum Auto, verabschieden sich coronakonform bei ihrer Gastgeberin. Beide Männer sind zufrieden mit dem Verlauf des Abends und sind sich sicher, dass es zwingend ein drittes Treffen geben muss. Im Frühsommer, wenn es richtig warm ist und die Infektionszahlen vielleicht etwas mehr Sozialleben zulassen.

Dann steigen sie in Waffenschmidts Wagen – Kurs Bahnhof. Zwei Autotüren schnalzen zu, ein Motor startet, ein paar Momente später verlieren sich die roten Rücklichter in der Dunkelheit. Genug gedacht für den heutigen Tag.

## Drittes Treffen: Fazit – Was können wir denn nun besser machen?

Es ist Juni geworden – oder meteorologischer Sommer, wie Plöger betonen würde – und seit der letzten Begegnung der beiden Freunde hat sich die Stimmung im Land verbessert. Die bundesweite Impfkampagne hat Fahrt aufgenommen und nahezu täglich werden ein paar Hunderttausend weitere Bürger gegen das Coronavirus geimpft. Dazu fallen seit Wochen die Inzidenzzahlen, sodass die harten Maßnahmen der Bundesregierung langsam zurückgenommen werden. Geschäfte und Gastronomie öffnen wieder ihre Türen, Freunde treffen sich in kleinem Kreis, und als wäre es noch nicht genug an guten Nachrichten, scheint an diesem Tag auch noch die Sonne vom blauen Himmel.

Heute trifft sich das Duo in der Hauptstadt, und anders als bei ihren vorherigen Begegnungen wollen sie diesmal nicht an einem Ort bleiben, sondern einen Spaziergang machen. Zusätzlich haben sich die beiden ein Zeitlimit von zwei Stunden gesetzt. Beweglich bleiben, körperlich wie geistig. Und schließlich sind ja auch die meisten Punkte besprochen worden. Und nun? Wie soll es weitergehen?

Heimspiel für den Wahlberliner Waffenschmidt, der eine

schöne Strecke entlang der Spree ausgesucht hat. Nachdem in den vergangenen 14 Monaten kaum Sportangebote möglich waren, freuen sich die beiden auf etwas Bewegung an der Luft. Draußen. Durchatmen.

Waffenschmidt empfängt seinen Freund vor dem Berliner Büro von *World Vision*. Der nervöse Berlin-Mitte-Verkehr rauscht an den beiden vorbei, irgendwo hupt ein Taxifahrer, schreit dann aus seinem Wagenfenster einen Fahrradkurier an. Berliner Folklore an einem ganz normalen Werktag. Ellenbogen werden aneinandergedrückt, inzwischen ganz selbstverständlich, als wäre dies schon immer die natürlichste Art der Begrüßung gewesen. Manche Rituale werden auch nach der Pandemie wahrscheinlich nie wieder weggehen. Plöger drückt seinem Freund den To-go-Becher einer großen Kaffeehauskette in die Hand. Natürlich ist er wiederverwertbar aus Porzellan und natürlich ist er gefüllt mit einem heißen Earl Grey.

„Auf einen schönen Nachmittag", sagt der eine.

„Auf einen erkenntnisreichen Nachmittag", sagt der andere.

Die beiden gehen los und sehen mit den Bechern in der Hand und den temperaturbedingt hochgekrempelten Ärmeln ihrer Hemden authentisch nach Mitte aus. Waffenschmidt weiß, wo es langgeht, und nur ein paar Straßenecken weiter wird der Autolärm leiser.

# ZUHÖREN, AUSREDEN LASSEN, ZU ENDE DENKEN

„Was steht denn heute auf der Agenda?", fragt Plöger. „Wir waren ja eigentlich durch mit unserem Plan. Wir haben uns in der Welt umgeschaut, schöne Projekte gefunden, die Herausforderungen gesehen, die auf uns alle zukommen werden, und inspirierende Persönlichkeiten wie Tony Rinaudo kennengelernt."

Waffenschmidt nimmt einen Schluck Tee, schaut ein wenig in der Gegend umher: Fahrradfahrer, Spaziergänger, Hundegassigänger, ein verliebtes Pärchen. Das Leben ist zurück, scheinbar niemanden hält es mehr in den eigenen vier Wänden.

„Ein wenig Eigennutz ist natürlich dabei, weil ich dich immer gern sehe und wir uns so gut austauschen können. Aber eine Agenda gibt es auch, da hast du recht. Ich habe nach unserem letzten Treffen viel darüber nachgedacht, was wir aus unserem Dialog eigentlich für Schlüsse ziehen können. Ob wir wirklich unserem Anspruch gerecht geworden sind, nämlich das Bessermachen zu zeigen. Oder ob wir uns nicht vielleicht doch zu sehr auf die Probleme gestürzt haben. Aber das sind nur Gedanken am Rande, die nicht wirklich zur Agenda passen. Da steht vor allem die Suche nach den Erkenntnissen drauf. Was meinst du, Sven?"

Plöger nimmt einen letzten Schluck aus seinem Kaffeebecher, zieht den Deckel ab, säubert den Becher mit einem Taschentuch und verstaut ihn schließlich in seinem Rucksack. „Also, es ehrt mich sehr, dass du mich so gern siehst, und ich kann das Kompliment nur zurückgeben. Aber ich denke, das weißt du auch. Deine Bedenken bezüglich einer eventuell vorhandenen pessimistischen Haltung in unseren Gesprächen teile ich nicht. Allein Tony Rinaudo und was er geleistet hat, das hat schon Strahlkraft. Und wir sind am Anfang auch mit dem Vorsatz gestartet, eben nicht in die Naivitätsfalle zu tappen und über all den guten Ansätzen, den Leuchtturmprojekten und den engagierten Tonys überall auf der Welt die Probleme und Herausforderungen zu übersehen. Das wäre nicht authentisch. Und das wären auch nicht wir beide. Und ehrlich gesagt: Wenn wir die humanitären, gesellschaftlichen und ökologischen Herausforderungen in unserem Arbeitsalltag nicht sähen, so würden wir in unseren jeweiligen Jobs falsch sein. Dann solltest du vielleicht lieber Klimavorträge halten, Dokumentationen drehen und die Wetterprognosen machen und ich sollte mich besser um die Arbeit einer großen Hilfsorganisation kümmern.

Aber mal zurück zum Thema: Zuallererst einmal haben wir etwas sehr Wichtiges gemacht. Etwas ganz Entscheidendes. Wir haben nämlich geredet. Nicht nur ein bisschen, sondern richtig ausführlich. Und wir haben nicht nur geredet, sondern wir haben uns vor allem zugehört. Haben den jeweils anderen zu Wort kommen lassen, haben uns Zeit und Raum gegeben. Das ist so wichtig, denn wir leben doch in einer Art medialer Schnipselwelt.

---

**Es gibt ständig neue Infos – immer schneller und immer mehr. Schau dir Facebook, Instagram, Twitter oder andere an. Bloß habe ich den Eindruck, dass wir in dieser Informationsflut eher ersticken, als dass sie uns hilft. Die Masse erschlägt uns, weil wir uns nicht mehr die Zeit nehmen oder meinen, sie uns nicht mehr nehmen zu können, um all das Gelesene, Gehörte oder Gesehene einzuordnen. Wir werden quasi überrollt und sehen am Ende den Wald vor lauter Bäumen nicht mehr. Das Gefühl für Zusammenhänge geht verloren. Und genau das haben wir bei unseren letzten Treffen wiedergewonnen – gerade, weil wir uns gegenseitig zugehört haben, weil wir uns denken und ausreden lassen haben.**

---

Das macht doch ein Gespräch aus, das bringt doch jeden von uns weiter! Gerade die Gedanken des anderen aufzunehmen – denn meine eigenen kenne ich ja normalerweise schon recht gut. Insofern kann unser Format, das lange Zuhören, das Sich-ausreden-lassen gerne Schule machen."

Die beiden setzen sich auf eine Bank mit Blick auf die Spree. Weil Waffenschmidt keine Tasche dabeihat, verstaut Plöger seinen Teebecher ebenfalls in seinem Rucksack. Ein handtaschengroßer Hund einer älteren Dame bellt die beiden Männer an, die sich wieder auf den Weg machen. Diesmal wollten sie ja eben nicht sitzen und reden.

Der Meteorologe spricht weiter: „Und es war klar, dass wir nicht in einer spontanen Eingebung die Probleme der Welt lösen können. Dazu – und das haben wir ja mehrfach festgestellt – ist das alles viel zu komplex, viel zu sehr miteinander verflochten und verwoben. Ich habe es mit meiner Klimathematik noch relativ einfach, denn ich kann mich ganz klar auf naturwissenschaftliche Fakten beziehen. Physikalische Gesetze, die nicht mit sich verhandeln lassen, auch wenn viele Politiker dies immer noch glauben. Du hast es mit der humanitären Arbeit noch schwerer, weil über Hungersnöte und Entwicklungshilfe immer noch viel mehr verhandelt wird. Ich wage zu behaupten, keine einzelne Person auf dieser Erde wird es schaffen, die Welt allein zu retten: Wir stehen vor einer Menschheitsaufgabe, die nur gemeinsam mit vereinten Kräften und Talenten wird gelöst werden können. Und womit fängt man an, wenn man gemeinsam etwas erreichen will? Man redet. Und hört sich zu. Und das haben wir getan.“

**Wir stehen vor einer Menschheitsaufgabe, die nur gemeinsam mit vereinten Kräften und Talenten wird gelöst werden können. Und womit fängt man an, wenn man gemeinsam etwas erreichen will? Man redet. Und hört sich zu.**

# DIE UNWUCHT DER WELT

Waffenschmidt geht einige Schritte schweigend neben seinem Freund her, bevor ihm ein passendes Bild in den Sinn kommt. „Ich habe manchmal das Gefühl, unsere Gesellschaft – oder von mir aus auch die Welt – ist wie die vier Reifen eines Autos. Ist alles in Schuss, dann läuft es reibungslos. Doch schon eine kleine Unwucht an einem Reifen macht das ganze Gefährt instabil. Je größer die Unwucht, desto schwieriger wird das Fahren. Und wenn solch eine Unwucht gleich an mehreren Reifen auftritt, dann ist an eine normale Fahrt nicht mehr zu denken. Dann schüttelt es die Insassen durch, man kann das Auto kaum noch in der Spur halten und wenn nichts getan wird, landet man früher oder später im Straßengraben. Da kann der Motor noch so stark sein. Wir befinden uns leider in der bedrohlichen Situation, dass mehr als nur ein Reifen eine gehörige Unwucht hat. Da gibt es den Klimakrisenreifen und den Ungerechtigkeitsreifen und den Armutsreifen und richtig rund läuft da schon lange nichts mehr."

„Das stimmt, und manchmal gehen wir in für mich unfassbarer Uneinsichtigkeit so weit, dass wir einen Fehler mit dem anderen zu rechtfertigen versuchen. Weil wir es nicht schaffen, die Welt gerechter zu machen, sondern stattdessen die Armen immer ärmer werden, wird am Ende erklärt, Klimaschutz habe seine Grenzen, weil man ihn ärmeren Menschen finanziell nicht zumuten kann. Falsch: Klimaschutz ist zwingend nötig, und die Aufgabe besteht darin, die unerträglichen Ungerechtigkeiten abzuschaffen, damit er für alle bezahlbar wird!

**Klimaschutz ist zwingend nötig, und die Aufgabe besteht darin, die unerträglichen Ungerechtigkeiten abzuschaffen, damit er für alle bezahlbar wird!**

Aber zurück zu deinem schönen Bild mit den Reifen: Wir begreifen langsam, dass die Räder dringend ausgewuchtet werden müssen. Das hätte sicherlich schneller passieren können, aber bisher ist das Auto ja noch nicht verunfallt. Und gut ist, dass wir wissen, woran es liegt. Es fehlt uns nicht an Erkenntnissen. Wir sitzen nicht ahnungslos im Auto, fragen uns nicht, was uns da gerade eigentlich so durchrumpelt. Wir machen auch nicht die schlechten Straßenverhältnisse oder ein Erdbeben dafür verantwortlich. Wenn es überhaupt eine Gefahr gibt, die uns vom Wesentlichen abhalten könnte, dann wäre es eine Art von Gewöhnung. Dass wir denken, Auto fahren, ohne durchgeschüttelt zu werden, wäre nur ein Traum. Etwas, das man niemals erreichen könnte. Weil das Rumpeln einfach dazugehört. Und jetzt kommen wir wieder ins Spiel: Wir wissen, dass man es besser machen kann. Wir wissen, dass die Räder repariert werden müssen und können. Wir können sogar ziemlich genau sagen, an welchem Rad der Schaden am größten ist. Und wir haben niemals aufgehört daran zu glauben, dass eine ruhigere Fahrt möglich sein kann, wenn wir uns anstrengen. Vielleicht nicht wie auf Schienen oder in einer Schwebebahn, aber sehr viel besser als zurzeit."

„Was ich außerdem aus unseren Gesprächen mitnehme", sagt Waffenschmidt, „Wir brauchen Ruhe und Geduld. Hätten wir uns immer nur für ein, zwei Stunden getroffen, wären unsere Gespräche niemals so verlaufen, wie sie verliefen.

---

**Veränderung braucht Zeit, damit Ideen reifen können. So können die Gedanken des einen vom anderen aufgegriffen werden. Sie können weitergesponnen, ihnen kann etwas hinzugefügt werden, bevor sie wieder zum anderen zurückgespielt werden. Wenn etwas wachsen soll, muss man ihm die Zeit dazu geben. Und man muss Vertrauen haben. Vertrauen, dass das, was da wachsen soll, so wird, wie man es sich erhofft.**

---

Damit sind wir übrigens jetzt ganz nah an Tony Rinaudo und das macht mich sehr glücklich. Tony, den wir beide sowohl als Persönlichkeit sehr schätzen als auch dessen bahnbrechende Arbeit, sollte uns ein leuchtendes Beispiel sein. Denn was macht er denn? Er vertraut darauf, dass das, was da noch in der Erde schlummert, Früchte tragen wird. Dass mit den vorhandenen Ressourcen eine Änderung zum Besseren möglich ist. Und er hat Geduld – und vermittelt diese auch an seine Workshop-Teilnehmer. Sie sollen den Pflanzen Zeit geben, um zu Bäumen heranzuwachsen. Sie sollen nicht den kurzfristigen Erfolg – also das Brennholz der Sträucher – wählen, sondern langfristig denken. Und daraus einen viel größeren Vorteil für sich ziehen. Einen Vorteil, von dem sogar viele andere ebenfalls profitieren. Alles was es braucht, ist die richtige Technik, Geduld und Vertrauen."

Plöger nickt zustimmend, der Klimaschützer in ihm gewinnt aber die Oberhand. „Wobei wir uns darüber im Klaren sein müssen, dass uns die Zeit davonrennt, wenn wir dieses Bild auf die Klimakrise anwenden wollen.

---

**Da bleibt uns nur noch erschreckend wenig Zeit, wenn wir das 1,5-Grad-Ziel erreichen wollen. Und machen wir uns nichts vor, das *müssen* wir einfach schaffen, weil die Alternative – sprich eine weiterhin steigende Erderwärmung – katastrophale Folgen haben wird. Folgen, die wir uns nicht einmal ansatzweise vorstellen wollen. Insofern gehe ich mit dir mit, mahne aber an, es mit der Geduld und dem Vertrauen nicht zu übertreiben.**

---

Die Zeit des Argumentierens und Abwägens ist längst vorbei, wir müssen ins Handeln kommen. Ausprobieren, Fehlschläge in Kauf nehmen, weitermachen.

Mir kommt da ein Statement von Lubomila Jordanova in den Sinn, das sehr schön passt. Sie ist Gründerin von *PlanA. Earth*, einem Start-up, das Unternehmen dabei hilft, ihren $CO_2$-Fußabdruck zu minimieren, und wurde im vergangenen Jahr vom *Forbes* Magazin in Rahmen der Kategorie ‚30 unter 30' ausgezeichnet. Sie sagte in einem Interview sinngemäß, dass es ihr geholfen hat, eben *keine* Geduld zu besitzen. Sie war eine junge, erfolgreiche Investment-Bankerin in London, hatte davor bereits eine beeindruckende Karriere in Wirtschaftsunternehmen gemacht. Während eines Urlaubs in Marokko hatte sie dann ein prägendes Erlebnis: Sie lag am Strand und bemerkte auf einmal all den Müll, der sich dort angesammelt hatte. Statt wie ihre Freunde zu surfen, schnappte sie sich einen Müllsack und begann den Plastikmüll einzusammeln. Nach zwei Stunden waren es sechs Säcke voller Müll. Ein paar Tage später flog sie nach Hause, kündigte ihren Job bei der Bank und gründete ein Unternehmen, das sich mit Umweltschutz beschäftigt.

Solche Menschen brauchen wir genauso, wie wir die Gretas brauchen. Sie hat die Notwendigkeit zum Handeln in die Öffentlichkeit gebracht und erinnert uns immer wieder daran, dass wir jetzt damit beginnen müssen. Aber genau diese Öffentlichkeit zeigt sich bisweilen widerspenstig und will so gar nichts von Greta hören. Schaut man sich an, wie stark sie polarisiert, dann habe ich das Gefühl, dass es oft weniger darauf ankommt, *was* gesagt wird, sondern *wer* es sagt. Denn an den Fakten an sich kann es nicht liegen. Die sind wissenschaftlich abgesichert. Und die Jugend hat das in vielen Fällen schon deutlich besser realisiert.

---

**Wir sollten ihnen zuhören. Und sie ernst nehmen. Vielleicht wissen sie es besser. Und wenn ich mich das so sagen höre, fällt mir auf, dass eigentlich schon die Einteilung in „wir" und „sie" nicht passend ist. Und nicht hilfreich. Denn wir sollten ja an einem Strang ziehen. Gemeinsam. Jeder bringt seine Stärken mit ans**

**Seil sozusagen. Das mag bei den jüngeren Menschen vielleicht die Leidenschaft sein, bei uns älteren ist es vielleicht eher eine ausgleichende Ruhe. Das müssen wir zusammen bringen.**

Eine Jordanova hat erkannt, dass sie etwas tun muss, und setzt um, was sie umzusetzen vermag, legt los. Das ist wichtig und mutig und motiviert hoffentlich viele andere Menschen, sich ebenfalls zu engagieren. Und wir haben keinen Grund, mutlos zu sein. Uns geht es im Vergleich zu anderen Regionen auf der Welt wirklich gut. Wir sind der privilegierte globale Norden. Wir sitzen nicht auf Tuvalu und sehen dem **Lange Rede kurzer Sinn: Wir haben nicht das Recht auf Pessimismus!** Meeresspiegel beim Steigen zu." Der Meteorologe freut sich erkennbar über den Reim in seinem letzten Satz und beendet seinen Gedankengang. „Lange Rede kurzer Sinn: Wir haben nicht das Recht auf Pessimismus!"

# EINE KULTUR DER VERÄNDERUNG

Die beiden bleiben im Schatten unter einer Linde stehen und schauen auf das langsam dahinfließende Wasser. Ein Ausflugsschiff dümpelt, augenscheinlich nur mit begrenzter Passagierzahl, an ihnen vorbei. Dafür winken die Menschen an Bord umso begeisterter. Plöger und Waffenschmidt winken zurück. Ist ja so ein ungeschriebenes Gesetz, dass man zurückwinkt.

„Vielleicht hat unsere Trägheit, wenn es um Veränderungen geht, auch eine kulturelle Komponente. Es kommt ja nicht von ungefähr, dass man im englischsprachigen Ausland von der *German Angst* spricht, wenn es um eine gewisse Zögerlichkeit, gewisse Bedenken geht. Das verbindet man anscheinend mit uns. Klar, das ist ein Stereotyp, aber ein kleines Fünkchen Wahrheit ist da schon erkennbar. Und weil du ja immer wieder gern auf *Wer wird Millionär?* verweist, lieber Sven: Das Wort ‚Angst‘ ist neben anderen schönen Wörtern wie zum Beispiel ‚Kindergarten‘, ‚Fahrvergnügen‘ oder ‚Weltschmerz‘ ein sogenannter Germanismus und ist im englischsprachigen Raum fester Bestandteil der Alltagssprache.

Was ich aber auch noch spannend finde, ist die Frage, wie unsere Gespräche wohl verlaufen wären, wenn wir eine ganz andere kulturelle Prägung erhalten hätten. Das wird sich leider niemals herausfinden lassen, aber es ist enorm spannend. Wir beide als bodenständige US-Amerikaner aus dem Mittleren Westen, wir beide als Bewohner von Tuvalu, als glühende brasilianische Bolsonaro-Anhänger oder als Farmer in Uganda. Würden wir genauso auf die Welt und die Herausforderungen blicken? Hätten wir andere Schwerpunkte? Müssten wir in der ein oder anderen Rolle vielleicht gar nicht betonen, wie wichtig es ist, ins Handeln zu kommen, weil wir nichts lieber täten, als zu handeln?"

Inzwischen haben die beiden Freunde ihren Spaziergang fortgesetzt und das Ufer der Spree hinter sich gelassen. Waffenschmidt führt seinen Freund durch typische Berliner Seitenstraßen. Altbau-Charme, Eckcafés, viele Menschen auf den Gehwegen.

„Ja, das wäre wirklich spannend", sagt Plöger und in seinen Augen blitzt es vor Begeisterung. „Aber es ist müßig, sich darüber den Kopf zu zerbrechen, weil wir diese Sozialisierungen eben nicht haben und uns auch niemals vollständig in diese Biografien eindenken können. Das bliebe immer nur eine Annäherung. Sinnvoller wäre es aber, mal zu schauen, wie stark dieser kulturelle Einfluss denn wirklich ist, und auch, wie er sich im Laufe der Zeit verändert hat. Mal ein Beispiel: Man hört ja immer wieder ein gewisses Beklagen über die soziale Kälte in unserer Gesellschaft, eine zunehmende Isolation und einen wachsenden Individualismus, einhergehend mit zunehmendem Egoismus. Wie sehr dies Folge der sozialen Medien ist, müssen Experten anderer Fachrichtungen beurteilen. Aber ich hatte – ich glaube, bei unserem letzten Treffen – ja schon einmal leicht bedauernd festgestellt, dass zum Beispiel das klassische Vereins- und Gemeindeleben immer mehr zurückgeht. Was neben der Geselligkeit und der Begegnung mit anderen Menschen, die vielleicht völlig unterschiedliche Lebensrealitäten haben, wegfällt, ist ein gewisser Gemeinsinn. Im Sinne von ,etwas für die Gemeinschaft tun'. Dass durch die Aufhebung der Wehrpflicht zum Beispiel auch der Zivildienst zu Grabe getragen wurde, empfinde ich als großen Verlust."

Waffenschmidt nickt. „Absolut. Ich kann sagen, dass mir mein Zivildienst sehr viel fürs Leben mitgegeben hat. Ich hab' ihn in einem Alten- und Pflegeheim gemacht. Das hat natürlich auch mit meinem christlichen Hintergrund zu tun und dem Gedanken der selbstlosen Nächstenliebe. Aber es hat sich gut angefühlt, der Gesellschaft etwas zurückzugeben. Denn in diesen einfachen Weisheiten, dass man das erntet, was man sät, oder dass es aus dem Wald herausschallt, wie man hineinruft, da steckt viel Wahrheit drin. Sei freundlich zu anderen und sie sind – meistens – auch freundlich zu dir. Wenn ich mir also eine bessere Gesellschaft oder eine bessere Welt wünsche, dann muss ich bei mir selbst anfangen. Auch das habe ich in meinem Zivildienst gelernt. Rückblickend betrachtet hat es mich sehr bereichert. Ich kam aus meiner ,Blase' raus – auch wenn es diesen

> **Wenn ich mir also eine bessere Gesellschaft oder eine bessere Welt wünsche, dann muss ich bei mir selbst anfangen.**

Ausdruck damals ja noch gar nicht gab – und hatte die Möglichkeit, über den Tellerrand zu schauen. Ich lernte Menschen und deren Biografien kennen, die ich ohne Zivildienst wahrscheinlich niemals kennengelernt hätte.

Das ist den jungen Leuten von heute verwehrt. Klar, es gibt jetzt den Bundesfreiwilligendienst und das freiwillige soziale Jahr, aber da liegt schon im Namen der Grund, warum es nicht gesellschaftsweit stattfindet: Es beruht auf Freiwilligkeit. Und wenn ich mir jetzt anschaue, wie groß der Leistungsdruck auf Schulabgänger heute bereits ist, wie zeitlich eng die Bachelor-Studienpläne sind, mit Pflichtpraktika und so weiter, und wie groß der Druck ist, möglichst schnell in den Arbeitsmarkt zu kommen, dann kann ich verstehen, dass sich das nicht flächendeckend durchsetzen konnte. Man muss sich Engagement erstmal leisten können. Im Sinne von: ‚Ich habe den nötigen Hintergrund, eine gute Ausbildung und das Selbstvertrauen, mich jetzt erstmal ein Jahr sozial zu engagieren. Anschließend finde ich schon meinen Weg in die Arbeitswelt.‘ Das war bei Wehrpflicht und Zivildienst einfacher. Da musste tendenziell jeder seinen Dienst leisten. Das war gesellschaftlich anerkannt und in der persönlichen Lebensplanung ein fester Faktor.“

„Ich sehe, wir sind uns einig. Und das, was du jetzt gerade am Ende sagtest, passt hervorragend zu meinen Gedanken“, antwortet der Wetterfrosch. „Insbesondere Wehr- und Zivildienst waren ebenfalls Orte, an denen Menschen mit ganz unterschiedlichen Hintergründen zusammengekommen sind. Da entstanden vielfach Freundschaften, die noch viele Jahre über den Dienst hinaus bestanden. Und da war es relativ egal, aus welchem gesellschaftlichen Milieu Kollegen kamen. Man saß für 12, 15, 18 Monate gemeinsam in einem Boot und lernte sich wirklich kennen. Deswegen finde ich, dass jeder junge Mensch – egal ob Mann oder Frau – zu einem Jahr für die Gemeinschaft verpflichtet werden sollte. Das ist ein Gewinn für die Gemeinschaft und gleichermaßen ein Gewinn für sie oder ihn. Und einen anderen Gedanken von dir will ich ebenfalls ergänzen: Der Leistungsdruck nach der Schule, das vollgepackte Studium, all die Praktika – auch das könnten Gründe sein, warum sich immer weniger junge Menschen in Vereinen organisieren. Aber jetzt sind wir schon sehr tief in der Gesellschaftsanalyse und weg von unseren Kernkompetenzen."

„Ja, aber die Gesellschaft hat uns auch an den Punkt geführt, an dem wir gerade stehen.

---

**Die Armut in Afrika, die Erderwärmung, Fluchtbewegungen überall auf der Welt – die sind ja nicht einfach so aus dem Nichts entstanden. Das sind Folgen unseres Handelns. Und weil wir mehrfach festgestellt haben, dass das alles miteinander verwoben und hochkomplex ist, kann man sagen, dass auch unser Handeln hier viele Auswirkungen überall auf der Welt hat. Und das ist gut so!**

---

Plöger bleibt stehen und guckt seinen Freund sichtbar irritiert in Erwartung weiterer Erklärungen an. Die folgen dann auch prompt.

„Viel schlimmer wäre es, wenn wir ahnungslos vor diesen Herausforderungen stünden und keinen Plan hätten, was deren Auslöser sind. Wo sie herkommen. Was alles passieren musste, um an den Punkt zu kommen, an dem wir jetzt stehen. Aber das wissen wir alles. Wir wissen um die Gründe für Armut und Hunger, du kannst genau herleiten, warum sich das Klima verändert. Die Lösungen liegen vor uns auf dem Tisch. Wir haben es uns selbst eingebrockt. Aber das ist die beste Voraussetzung dafür, dass wir das Ruder auch wieder rumreißen können. Und schon bin ich wieder bei meinem Lieblingsvers aus der Bibel: ‚Die Wahrheit wird euch frei machen'. Wir haben die Wahrheiten! Und wir sind frei, alles zu tun, damit es besser wird.

**Wir haben die Wahrheiten! Und wir sind frei, alles zu tun, damit es besser wird.**

Was allerdings eine echte Herausforderung ist – neben den ganzen anderen Herausforderungen, die wir schon gefunden haben –, das ist unsere Haltung. Nicht nur gegenüber Klimawandel, Gesellschaft und Veränderungen, sondern vor allen Dingen auch unsere Haltung gegenüber den Ländern im globalen Süden. Wir wollen helfen und wir helfen ja bereits seit vielen, vielen Jahren. Aber hin und wieder schwingt da ein falscher Tonfall mit. So, als hätten wir – und mit ‚wir' meine ich jetzt den reichen, industriellen, demokratisch-liberalen globalen Norden – platt formuliert die Weisheit mit Löffeln gefressen. Als wüssten wir, wie alles funktionieren muss, damit zukünftig politische, klimatische und humanitäre Katastrophen ausbleiben. Und als wären ‚die anderen' gar nicht in der Lage, diese Probleme zu lösen. Nicht wirtschaftlich, aber auch nicht kulturell. Das hat überhaupt nichts mit einer Kommunikation auf Augenhöhe, mit Gleichwertigkeit und Fairness zu tun.

Diese Haltung und die Beziehungen zu anderen Ländern, Regionen, Kulturen, die daraus resultieren, ist gleich aus mehreren Gründen extrem heikel.

---

**Zuallererst ist es ja vor allen Dingen die industrialisierte Welt, die für die Erderwärmung verantwortlich ist. Und das ist der Auslöser, dass man auf Tuvalu besorgt auf den Meeresspiegel schaut. Wir verursachen durch Industrie, Verkehr und Lebensstil Klimavorgänge, die direkt und indirekt die Dürren irgendwo in Afrika verstärken.**

---

In den Ländern des globalen Südens gibt es einen großen Wunsch nach wirtschaftlichem Wachstum, nach sozialem Aufstieg des Einzelnen, teilweise nach ganz normalen Sachen: ein eigenes Auto, ein eigenes Haus, Unterhaltungselektronik, die Welt sehen, Flugreisen. Alles das, was unsere Gesellschaft in den Wirtschaftswunderjahren nachhaltig geprägt hat. Haben wir jetzt das Recht, Länder, die gerade auf dem Sprung zu einem solchen Wirtschaftswunder sind, einzuschränken? Ihnen deutlich zu machen, dass Flugreisen schlecht fürs Klima sind? Dass der Individualverkehr reduziert werden muss? Ich halte das für ein ganz sensibles Thema, über das wir uns Gedanken machen sollten. Deswegen sprechen wir bei *World Vision* zum Beispiel nicht von Entwicklungshilfe, sondern von Entwicklungszusammenarbeit. Wir wollen auf partnerschaftlicher Basis nachhaltige Verbesserungen im globalen Süden anregen. Das schaffen wir nur, wenn wir uns als gleichwertige Partner ansehen.

Die Unterscheidung in Geber- und Nehmerländer wird dadurch vermieden. Eigentlich eine Sache, an der seit vielen Jahren gearbeitet wird. Es hat ja einen guten Grund, dass es inzwischen keine ‚Dritte Welt-Läden‘ mehr gibt, sondern viele von ihnen jetzt unter dem Label ‚Eine Welt-Laden‘ laufen. Das sind kleine Veränderungen, aber sie helfen dabei, unsere Haltung zu reflektieren und gegebenenfalls zu verändern.

Ein anderes Schlagwort in diesem Zusammenhang wäre die inzwischen fest verankerte ‚Hilfe zur Selbsthilfe‘, bei der es eben nicht darum geht, von außen ein paar Projekte in einem Land zu installieren und dann zu gucken, was passiert. Wir müssen den Menschen die Fähigkeit geben, sich langfristig und nachhaltig selbst helfen zu können. Ich las neulich noch einen Artikel über einen Verein in der Schweiz, der indigene Gemeinschaften unterstützt. Ähnlich wie bei unserem *World Vision*-Projekt ‚Wunschpaten‘, geht auch dieser Verein neue Wege der Unterstützung. Die Dörfer und Gemeinden ermitteln ihren Entwicklungsbedarf selbst. Sie analysieren die aktuelle Situation, skizzieren Projekte, denn niemand weiß schließlich besser um die wirtschaftliche und sozioökonomische Lage als die Gemeinschaft selbst. Der Verein wirkt eher unterstützend, schaut, was machbar ist und fördert schließlich die Projekte – genau solch ein Ansatz müsste dann logischerweise auch bei der Klimaproblematik gelten.“

„Das ist ein toller Gedanke, der auch wieder perfekt zu unserer Motivation passt, mit der wir in unsere Gespräche gegangen sind. Mir war immer ganz klar, dass ich niemanden missionieren wollte und will“, sagt Plöger deutlich und mit fester Stimme. „Ebenso wenig, wie ich zynisch auf das Weltgeschehen blicken möchte. Ich habe nur meine wissenschaftlichen Erkenntnisse. Fakten, mit denen ich arbeiten kann. Diese Fakten vermittele ich gern, mit einer gewissen Begeisterung und manchmal zum Leidwesen meiner Zuhörer auch ausführlich. Aber was sie dann damit anfangen, liegt nicht in meiner Hand. Ich will niemandem sein Auto madig machen. Ich sage nur, dass es aus der Klimaperspektive sinnvoller wäre, auf Bahn und ÖPNV umzusteigen. Und ich will niemandem sein Steak vermiesen. Zumal es da einen großen Unterschied macht, wie und wo das Tier gehalten wurde. Stichwort regional, Stichwort bio.

Aber man kann die Menschen schon darüber informieren, was alles am Billigfleisch aus dem Discounter dranhängt. Einfach, weil es der eine oder andere eben doch noch nicht weiß. Vor allem glaube ich aber, dass man mit einer sehr stark moralisierenden, anklagenden Haltung keine dauerhaften Veränderungen erzielen kann. Das geht viel besser, wenn man die Menschen für etwas begeistert, ihnen vermittelt, dass es Spaß machen kann, sein Verhalten zu verändern.

---

**Wir brauchen nicht noch mehr Vorbilder, wir brauchen Vorleber. Menschen, die vorangehen und eben nicht darauf warten, dass „die Anderen" doch erstmal machen sollen. Wir brauchen überall die kleinen Projekte von klugen Köpfen, die zeigen, was alles machbar ist, welche Effekte es hat und wie einfach es teilweise geht.**

---

Denn natürlich kommt oft das Argument, dass wir hier in Deutschland sowieso nichts am Weltklima ändern könnten, weil andere Nationen viel mehr $CO_2$ emittieren, viel mehr Müll in die Ozeane einbringen oder riesige Autos mit absurd hohem Spritverbrauch fahren. Aber: Erstens muss man immer schauen, wie viele Menschen in einem Land leben, und sich zweitens klarmachen, dass wir aktuell auf Platz sechs der Länder liegen, die am meisten Kohlendioxid ausstoßen. Nutzen wir also das Argument, dass unser Anteil doch so verschwindend gering und damit wirkungslos ist, dann können das die 187 Länder, die in der Rangliste hinter uns liegen – es gibt derzeit 194 Länder auf der Erde –, ganz sicher erst recht auch für sich in Anspruch nehmen. Und schnell sieht man, was bei einer solchen Denkweise herauskommt, bei der wir das Addieren vergessen: Fast jeder ist dann nicht schuld und muss nichts machen. Absurd.

Und deshalb wird nur so ein Schuh draus: Die Klimakrise ist eine Menschheitsaufgabe, zu der jeder seinen Beitrag leisten kann. Und wir haben in diesem Land Möglichkeiten, die andere Länder nicht haben. Deshalb haben wir vielleicht auch eine Verpflichtung, voranzugehen und vorzuleben. Nichts zu machen ist keine Alternative, schon gar nicht für unsere Kinder und Enkel. Nichts zu machen ist nichts weiter als bräsig und rücksichtslos. Deswegen soll-

249

ten wir mutig sein, mutig loslegen und immer wieder miteinander reden."

Waffenschmidt fügt an: „Und einander zuhören. Empathisch sein und über den Tellerrand schauen."

Dann wieder Plöger: „Einfach Sachen ausprobieren, vielleicht mal scheitern und aus den Fehlern lernen."

„Wir sollten es besser machen!"

„Ja, das sollten wir."

Die beiden gehen eine ganze Weile schweigend nebeneinander. In Plögers Rucksack klackern im Takt seiner Schritte zwei To-go-Becher aneinander. Fürs Erste ist genug gesagt.

## Viertes Treffen: Eine Videoschalte im Sommer

„Sven, hilf mir zu verstehen, was an Erft, Ahr und in der Region zwischen Eifel und Ruhrgebiet passiert ist." Nach den verheerenden und leider auch todbringenden Fluten im Juli 2021 haben sich die zwei Freunde kurz vor ihrem Urlaub noch einmal per Video getroffen und ausführlich über diese in Deutschland fast einmalige Katastrophe gesprochen.

„Meteorologisch war ein Tief verantwortlich, das sich einfach nicht weiterbewegt hat. Es verteilte seine ganzen Regengebiete tagelang immer wieder über Deutschland. Vom Ruhrgebiet über das Sauerland bis in die Eifel war es dann am schlimmsten. Unvorstellbare Regenmengen von 100 bis teilweise über 200 Liter pro Quadratmeter fielen am 14. und 15. Juli binnen 36 Stunden – die dreifache Monatsmenge – auf einer riesigen Fläche und so mussten alle Flüsse gleichzeitig entwässern. Nirgends aber war Platz für weiteres Wasser, auch die durchnässten Böden konnten keines mehr aufnehmen und das führte dann zu dieser unglaublichen und nicht mehr beherrschbaren Flutwelle mit all ihrer schrecklichen Zerstörungskraft."

Sven Plögers Stimme klingt plötzlich belegt. „Menschlich war das so ein Leid. Ich habe einige Freunde, die in dieser Region leben. Einer von ihnen hat den ganzen Anbau seines Hauses verloren. Darin befand sich sein eigenes Fliegereimuseum, das er über viele, viele Jahre liebevoll mit tollen Stücken eingerichtet hatte. Als wir telefonierten sagte er nur „Ich lebe! Kopf hoch!". Das beeindruckte mich so sehr, ich finde da kaum Worte. Ein anderer hat seine gesamte Arztpraxis verloren, das MRT und viele andere Geräte sind auf und davon. Von den vielen Menschen, die Angehörige oder ihr ganzes Hab und Gut verloren haben, gar nicht zu reden."

Die Stimme wird wieder fester und er kommt zurück in seine Wissenschaftlerrolle. „Die Orographie, also die Form der Landschaft, hat diese Kräfte so verstärkt, denn die Wassermassen mussten ja durch die vielen engen Täler hindurch und dabei wirkt der Düseneffekt: Die gleiche Menge durch eine Engstelle zu bekommen, bewirkt in der Physik, dass die Geschwindigkeit erhöht wird. Diesen Effekt kennen auch Segler, wenn der Wind durch eine solche Engstelle pustet. Außerdem zapfte das Tief viel Feuchtigkeit aus dem Ostseeumfeld an, und die war 2021 so warm wie noch nie. Es war quasi eine „Mittelmeerostsee" – im Finnischen Meerbusen wurden 26 Grad gemessen. Denn von Finnland bis in den Westen Russlands lag ja wochenlang ein ebenso unbewegliches Hoch, das dort für eine ähnliche Hitze und Dürre sorgte, wie wir sie 2018 erlebt haben." Waffenschmidt geht dazwischen „Du sagst ja immer, diese Wetterextreme seien ein Zeichen für den Klimawandel, aber prompt hörte und las man im Umfeld der Katastrophe auch wieder Sätze wie ‚Das sind einzelne Wetterereignisse, die müssen gar nichts mit dem Klima zu tun haben – das sei eben Wetter'.“

Plöger möchte am liebsten mit 250 WpM sprechen, also 250 Wörtern pro Minute, denn man merkt, wie ihn solche Beiträge in den Wahn treiben. „Gut, dass Du das ansprichst. Es ist absolut verrückt, mit welcher Intensität Menschen solche Sätze wiederholen oder auch Aussagen bewusst falsch verstehen wollen. Wahrscheinlich müssen wir mal eine Horde Psychologen befragen, wie sie das einordnen. Ich fürchte, das sind einfach Schutzbehauptungen, um fein raus zu sein. Wenn man trotz aller Tragik des Geschehens nichts dafür kann, dann ist das ja Schicksal – quasi ärgerlich, aber eben durch nichts zu ändern. Und mancher Politiker kann über solche Sätze begründen, warum er das Thema auch in Zukunft zu verschlafen gedenkt. Ich finde das sehr tragisch.“ Christoph Waffenschmidt hat all das durch die vielen Gespräche mit seinem Freund zwar längst verstanden, fragt sich aber, wie er selbst so einer Aussage begegnen würde. Weil die beiden sich so gut kennen, hat Plöger diese Frage in Waffenschmidts Gesichtszügen gelesen und antwortet prompt.

„Natürlich ist jedes Unwetter zunächst einmal Wetter und nicht Klima, denn sonst hieße es ja Unklima oder so ähnlich. Aber Wetter und Klima sind ja verbunden, da Klima die Statistik des Wetters ist. Du erinnerst Dich, darum ging es ja auch bei unserem Gespräch über Tony Rinaudo. Verkürzt: Die Wetterstatistik kann sich ja nur verändern, wenn sich das Wetter verändert. Und das erleben wir, indem sich die besonders auffälligen Ereignisse häufen. Sprich, was wir heute für extrem halten, wird bald normal werden, wenn der Klimawandel weiter so voranschreitet. Unwetter sind also Wetterereignisse, die man in einen Kontext stellen muss – dann kann man wissenschaftliche Erkenntnisse viel leichter verstehen. Sie häufen sich und ein Grad Erwärmung bedeutet zum Beispiel sieben Prozent mehr Wasserdampf in der Atmosphäre und damit mehr Energie, die freigesetzt werden kann. Ein gebremster Jetstream – Du erinnerst Dich an meine kleine Vorlesung dazu" – Plöger muss lachen – „führt, neben vielen anderen Prozessen in unserer komplexen Welt, eben zu Veränderungen bei den Wetterabläufen. So ist quasi eine Art Standwetter entstanden. Das Tief kommt nicht weiter und es gelangt dann wie bei einem kaputten Rasensprenger alles Wasser an dieselbe Stelle. Gleiches passiert, wenn ein Hoch nicht weiterzieht, so wie bei der entsetzlichen Hitze von fast 50 Grad im Schatten in Lytton in British Columbia in Kanada. Das liegt auf dem 50sten Breitengrad, also auf der Höhe von Frankfurt.

Und um Wetter und Klima auch quantitativ in einen Zusammenhang zu bringen, gibt es den neuen und interessanten Zweig der Attributions- oder Zuordnungsforschung. So konnte man errechnen, dass dieser Extremwert durch den aktuellen Klimawandel 150 Mal wahrscheinlicher wurde als ohne. Oder wenn man es umdreht: Ohne den Klimawandel wäre dieses Ereignis praktisch unmöglich gewesen!" Christoph Waffenschmidts Miene verrät, dass er das in Zukunft genau so erklären kann, aber eine Frage bleibt für ihn: „Kann es denn auch bei uns 50 Grad geben?" Plöger beruhigt: „So bald nicht, denn die betroffene Region Kanadas ist eine sehr trockene. Bei uns ist die Luft feuchter und kann sich daher nicht so extrem aufheizen. Aber ich würde mit Dir wetten, dass wir beide in unserem Leben noch einen Tag erleben werden, an dem es irgendwo in Deutschland unglaubliche 45 Grad im Schatten geben wird.

Waffenschmidt nickt langsam, fügt die Bausteine zusammen und kehrt zur Flutkatastrophe zurück. „Weißt Du, dass mich die Bilder von den verwüsteten Orten ganz stark an viele Regionen in der Welt erinnert haben, in denen wir nach großen Naturkatastrophen im Einsatz waren? Ich denke an heftigste Taifune, die die Philippinen heimgesucht haben, regelmäßige Überflutungen in Bangladesch oder auch, auch wenn es eine Naturkatastrophe ganz anderer Art war, das unermesslich schlimme Erdbeben in Haiti 2010. Die Fluten des Sommers 2021 werden ganz sicher im kollektiven Gedächtnis Deutschlands bleiben und sie haben uns mit ungeheurer Wucht und großem Schmerz deutlich gemacht, dass wir nicht auf einer geschützten Insel leben, sondern Teil dieser Naturgewalt namens Erde sind. Genauso wie die Menschen in Bangladesch, in Haiti oder auf den Philippinen.

Zugleich hat mich die enorme praktische und finanzielle Hilfsbereitschaft der Menschen in Deutschland fasziniert und bewegt. Da haben ganz Viele angepackt und Nächstenliebe tatkräftig werden lassen. Sie haben einfach gemacht. Eine ganz besondere Herzensgeschichte war für mich das Engagement von Kirchen aus afrikanischen Ländern, wie

Botswana, Tansania oder auch Ruanda. Sie haben für die betroffenen Regionen in Deutschland Geld bereitgestellt. Welch ein Zeichen der Hoffnung und der Mitmenschlichkeit!

# NACHWORT

**Prof. Dr. Dirk Messner, Präsident des Umweltbundesamtes**

Zwei Freunde im Gespräch über das Jahrhundertproblem des menschengemachten Klimawandels und dessen Auswirkungen auf Lebenschancen und Entwicklung in allen Teilen der Welt: Sven Plöger, der Meteorologe und Fernsehmoderator, und Christoph Waffenschmidt, als Vorstandsvorsitzender von World Vision Deutschland Entwicklungsexperte und -praktiker. Sie wollen Hoffnung machen, für wirksamen Klimaschutz werben, damit menschliche Entwicklung nicht unter die Räder kommt. Doch zunächst kommt auf den Tisch, was passiert, wenn wir nicht endlich ernst machen, mit der Reduzierung der Treibhausgasemissionen. Bevor wir uns Mut machen, müssen wir uns ehrlich machen: schmelzende Gletscher, steigende Meeresspiegel, Dürren, Hitzewellen und Extremwetterereignisse, kollabierende Ökosysteme. Die Klimawissenschaft spricht von Erdsystemwandel und Kipp-Punkten im Erdsystem – das Grönlandeisschild könnte irreversibel abschmelzen und sieben Meter Meeresspiegelanstieg verursachen, die „Wettermaschine" Asiens,

259

das Monsunsystem, könnte in sich zusammenfallen. Klima- und Umweltwandel werden unsere Gesellschaften verändern, weltweit: Wassernot, Ernteausfälle, durch Extremwetterereignisse zerstörte Städte und Gemeinden, steigende Hungerzahlen, Klimaflüchtlinge. Inselstaaten sowie Küstenstädte können von der Landkarte verschwinden und ihre BewohnerInnen heimatlos machen. Den beiden Gesprächspartnern geht es wie uns allen: beginnt man sich mit dem Klimawandel und dessen Auswirkungen auf die menschliche Zivilisation zu befassen, kann man sich leicht überwältigt fühlen, hilflos, paralysiert, gelähmt.

Doch Sven Plöger und Christoph Waffenschmidt sind Aufklärer. Sie streiten gegen die Verdrängung des Offensichtlichen, gegen die Verharmlosung der von der Wissenschaft zusammengetragenen Fakten zu den Treibern und Wirkungen der globalen Erwärmung. Die beiden Freunde und Gesprächspartner zeigen, wie Zukunftsperspektiven und Hoffnungen entstehen können, um das Schlimmste noch zu verhindern. Klimaschutz ist möglich. Wir können Alle Teil der Lösung sein.

Vier Strategiefelder werden im Verlauf des Gespräches deutlich:

– Wir alle können und müssen etwas tun, als BürgerInnen und KonsumentInnen. Umweltbewusste Ernährung, klimasensible Mobilität, bürgergesellschaftliches Engagement. Wir sind nicht hilflos und können einen Unterschied machen. Das heißt auch: wir tragen (Mit-)Verantwortung.

– Das Buch ist voll von guten Beispielen zu bereits funktio-
nierendem Klimaschutz in allen Teilen der Welt. Ökoland-
bau, Energiegenossenschaften, Bauen mit organischen
Stoffen, ökosystembasierter Klimaschutz in afrikanischen
und asiatischen Ländern, Städte, die ihre Mobilitätssys-
teme klimaverträglich umbauen. Das Buch bietet ein Re-
servoir von Anregungen für Klimaschutz, der zugleich
menschliche Lebenschancen und -qualitäten verbessert.
Menschliche Kreativität kann Zukunftszuversicht schaffen.

– Im Verlauf des Gespräches wird auch immer deutlicher,
dass individuelle Verhaltensveränderungen und Klima-
schutzpionierprojekte nur dann Aussicht auf Erfolg haben,
wenn am Ende die Basisstrukturen unserer Wirtschaften
und Gesellschaften umgebaut werden: die Energiesysteme,
die Stadt- und Mobilitätsinfrastrukturen, die Industrie
und die Landwirtschaft müssen vor der Mitte des 21. Jahrhunderts vollständig dekarbonisiert und erdsystemver-
träglich ausgerichtet werden. Ohne mutige politische Ent-
scheidungsträger, radikal veränderte Geschäftsmodelle
der Wirtschaft und BürgerInnen, die den Wandel unterstützen, wird das nicht gelingen. Klimaschutz, das zeigt
auch die Wissenschaft, ist möglich, aber kann nur als gesamtgesellschaftliche Kraftanstrengung gemeistert werden. Gelingt sie, würden nicht nur die Folgen eskalierender
globaler Erwärmung abgewendet, sondern auch Chancen
für mehr Lebensqualität und Fairness eröffnet.

– Christoph Waffenschmidt und Sven Plöger sind Weltenbürger. Sie vergessen nicht, an vielen Stellen des Buches zu betonen, dass Klimaschutz letztlich nur wirksam sein wird, wenn er zugleich Perspektiven für die unteren 50 % der Weltbevölkerung eröffnet. Das ist nicht einfach, aber zugleich wird deutlich: bei allen Interessensgegensätzen und Spannungen im internationalen System könnten gerade die Klimaherausforderungen, die unsere gemeinsamen, globalen Abhängigkeiten und Vulnerabilitäten wie in einem Brennglas zusammenführen, zu einem internationalen Kooperationsmotor werden.

Am Ende des Gespräches der beiden Freunde weiß man, dass die 2020er-Jahre eine Entscheidungsdekade im Kampf gegen die globale Erwärmung sind. Entschlossenes Handeln ist notwendig und möglich: es gibt Hoffnung, dass wir doch noch gut durch das 21. Jahrhundert kommen.

# WEITERE INFORMATIONEN

Dieses Buch ist voller Informationen, die wir im Laufe unseres Berufslebens gesammelt haben. Es ist jedoch keine wissenschaftliche Veröffentlichung, weswegen wir auf ein klassisches Literaturverzeichnis verzichten. Stattdessen möchten wir unseren Lesern verschiedene Veröffentlichungen ans Herz legen, um sich bei Bedarf tiefer in die einzelnen Themen einzulesen. Diese Liste hat nicht den Anspruch, möglichst umfassend oder wissenschaftlich zu sein, vielmehr soll sie einen Ausgangspunkt für die eigene Auseinandersetzung mit den von uns vorgestellten Themen und Projekten darstellen. Es ist eine Einladung zum Mitdenken, Mitmachen und Bessermachen.

**Bücher:**
Tony Rinaudo: *Unsere Bäume der Hoffnung*, rüffer & rub, 2021
Sven Plöger: *Zieht euch warm an, es wird heiß*, Westend, 2020
Hans Rosling: *Factfulness – Wie wir lernen, die Welt so zu sehen, wie sie wirklich ist*, Ullstein, 2019

**Online:**

ZEIT-Feature zum Thema Kindersoldaten:
https://www.zeit.de/feature/kindersoldaten-uganda-jo-seph-kony-lra-krieg-rueckkehrer

Ausführliche Informationen zu den UN-Nachhaltigkeits-zielen:
https://17ziele.de/

*World Vision*, Patenschaften & Projekte:
https://www.worldvision.de/

Zahlen und Fakten zur weltweiten Armut, Bundeszentrale für politische Bildung:
https://www.bpb.de/nachschlagen/zahlen-und-fakten/glo-balisierung/52680/armut#:~:text=Ende%202015%20war%20 weltweit%20weniger,1%20Milliarden%20auf%20147%20Mil-lionen.

FAZ: Die Welt wird immer besser, 2018
https://www.faz.net/aktuell/wirtschaft/die-welt-wird-im-mer-besser-32-gute-nachrichten-15524076.html

ZEIT-Feature zu Ugandas Flüchtlingspolitik:
https://www.zeit.de/feature/uganda-fluechtlinge-land-schenkung?utm_referrer=https%3A%2F%2Fwww.google.com%2F

Sven Plögers Dokumentation „Rettet die Moore":
https://www.ardmediathek.de/video/sven-ploegers-
klimablick/rettet-die-moore-s01-e03/swr-de/Y3JpZDovL3N-
3ci5kZS9hZXgvbzEzNDMwNDQ/

*Replace Plastik* – Webseite und App, die Alternativen zu
plastikverpackten Produkten anzeigen:
https://www.replaceplastic.de/

**Film:**
*ThuleTuvalu*, Regie: Matthias von Gunten, 2014
*Die 4. Revolution* – Energy Autonomy,
Regie: Carl-A. Fechner, 2010

# Wenn aus Zahlen Menschen werden.

Gerhard Trabert
**Am Abgrund der Menschlichkeit**
Begegnungen mit Menschen auf der Flucht.
Gebunden mit Schutzumschlag
13,5 x 21,5 cm · 256 Seiten · durchgehend vierfarbig
€ 20,–
ISBN 978-3-86334-308-8

Er gibt den Ärmsten der Armen ein Gesicht: Der engagierte Arzt Gerhard Trabert schildert erschütternde Erlebnisse von seinen Reisen in die Krisengebiete dieser Welt und davon, was an den Rändern Europas für Tausende geflüchtete Menschen bittere Realität ist. Die Geschichten in Verbindung mit interessanten Hintergrundinformationen verdeutlichen, dass es Lösungsansätze gibt. Zugleich ist sein Buch ein leidenschaftlicher Appell für eine humanitäre Flüchtlingspolitik, die uns alle angeht.

*„Ich widme dieses Buch allen Menschen, die sich auf der Flucht vor Krieg, Naturkatastrophen und Armut befinden, oder diese Flucht schon erleben mussten."*
Gerhard Trabert

Leseprobe unter www.adeo-verlag.de

Erhältlich im Buchhandel oder unter www.adeo-verlag.de

**adeo**
Unterwegs. Sein.

# Warum es sich lohnt, mutig zu sein.

Nathalie Schaller
**Der Stoff, aus dem die Freiheit ist**
Gebunden · mit 16 Seiten Bildteil
208 Seiten
€ 20,–
ISBN 978-3-86334-291-3

Abitur, Studium, Karriere – so hätte Nathalie Schallers Leben aussehen können. Doch auf Reisen begegnet sie Opfern von Menschenhandel und Zwangsprostitution und ist tief berührt. Welche Perspektive haben die Frauen nach ihrer Befreiung überhaupt? Sie fasst einen wilden Entschluss und gründet ein Modelabel, das den Frauen eine Arbeit und damit Perspektive gibt – fair, nachhaltig und humanitär. Ein packendes Buch von persönlichen Träumen, Scheitern, Kampfgeist und Vertrauen und eine große Inspiration für andere.

*„Mit ihrem ihrem Buch inspiriert Nathalie Schaller dazu,
selbst Teil der Lösung zu sein."*
BRIGITTE

Bei diesem Buch wurden die durch das verwendete Material und die
Produktion entstandenen $CO_2$-Emissionen ausgeglichen,
indem der adeo Verlag ein Projekt zur Aufforstung in Brasilien unterstützt. Weitere Informationen zu dem Projekt unter:
www.ClimatePartner.com/53248-2107-1067

Verwendete Materialien:
Inhaltspapier: Lenza Top von Lenzing Papier.
Dieses Papier ist recycelt und mit dem Blauen Engel zertifiziert.
Umschlagmaterial: Wibalin Recycled Quartz von Winter & Company

© 2021 der deutschen Ausgabe adeo Verlag
in der SCM Verlagsgruppe GmbH,
Dillerberg 1, 35614 Asslar

1. Auflage 2021
Bestell-Nr. 835306
ISBN 978-3-86334-306-4

Umschlaggestaltung: Andreas Sonnhüter,
www.grafikbuero-sonnhueter.de
Umschlagfoto: Deborah Pulverich, www.deborahpulverich.de
Fotos im Innenteil: S. 12/13 Matthias Demand,
www.demand-lichtbilder.de; S. 257 Deborah Pulverich
Satz: Uhl + Massopust, Aalen
Druck und Verarbeitung: GGP Media GmbH, Pößneck
Printed in Germany

www.adeo-verlag.de